中国

在他开宗第一声歌里

便预告了

他以后数千年间

文学发展的路线

闻一多

闻一多读中国神话
闻一多◎著
辽宁美术出版社

目录

第一章

伏羲考

一 引论

伏羲与女娲的名字，都是战国时才开始出现于记载中的。伏羲见于《易·系辞下传》《管子·封禅篇》《管子·轻重·戊篇》《庄子·人间世篇》《庄子·大宗师篇》《庄子·胠箧篇》《庄子·缮性篇》《庄子·田子方篇》《尸子·君治篇》《荀子·成相篇》《楚辞·大招》《战国策·赵策二》。女娲见于《楚辞·天问》《礼记·明堂位篇》《山海经·大荒西经》，但后二者只能算作汉代的典籍，虽则其中容有先秦的材料。二名并称者则始见于《淮南子·览冥训》，也是汉代的书。关于二人的亲属关系，有种种说法。最无理由，然而截至最近以前最为学者们乐于拥护的一说，便是“兄弟说”。《世本·氏姓篇》曰：

女氏：天皇封弟娲于汝水之阳，后为天子，因称女皇。

此说之出于学者们的有意歪曲事实，不待证明。罗泌《路史·后纪二》和梁玉绳《汉书人表考》中的论调，不啻坦白地供认了他们所以不能不如此歪曲的苦衷，所以关于这一说，我们没有再去根究的必要。此外，较早而又确能代表传说真相的一说，是“兄妹说”。《路史·后纪二》注引《风俗通义》曰：

女娲，伏希（羲）之妹。

《通志·三皇考》引《春秋世族谱》《广韵·十三佳》《路史·后纪二》，马缟《中华古今注》等说同。次之是“夫妇说”。《唐书·乐志》载张说唐《享太庙乐章·钧天舞》曰：

合位娲后，同称伏羲。

据《乐志》，《钧天舞》是高宗时所用的乐章。这里以伏羲、女娲比高宗、武后，正表示他们二人的夫妇关系。稍后卢仝《与马异结交诗》说得更明显：

女娲本是伏羲妇。

○ 唐 佚名 伏羲女娲像

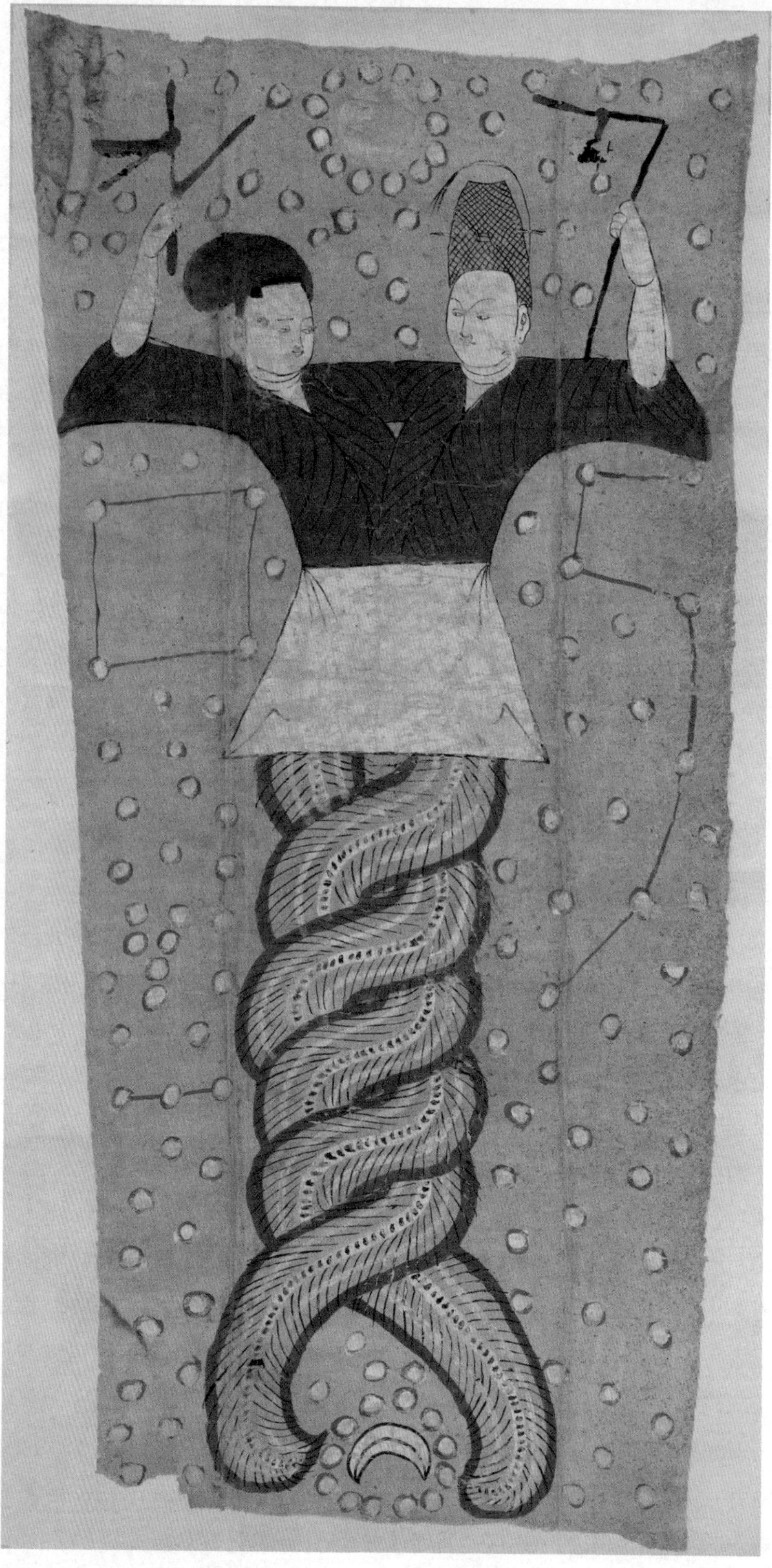

朕獲承
祖
宗右文之緒祗遹
燕謀日奉
慈極萬幾餘閒博求載籍
推迹道統之傳自伏羲迄
于孟子凡達而在上其道
行窮而在下其教明採其
大指各為之贊雖未能探
賾精微姑以寓尊其所聞
之意云爾
宓犧
繼天立極　為百王先
法度肇建　道德純全
八卦成文　三墳不傳
無言而化　至治自然

◎南宋　马麟　伏羲坐像

此后，同类的记载有宋人伪撰的《古三坟书》、元杜道坚《玄经原旨发挥》和一些通俗小说之类。“夫妇说”见于记载最晚，因此在学者心目中也最可怀疑。直至近世，一些画像被发现与研究后，这说才稍得确定。这些图像均作人首蛇身的男女二人两尾相交之状，据清代及近代中外诸考古学者的考证，确即伏羲、女娲，两尾相交正是夫妇的象征。但是，依文明社会的伦理观念，既是夫妇，就不能是兄妹，而且文献中关于二人的记载，说他们是夫妇的，也从未同时说是兄妹，所以二人究竟是兄妹，或是夫妇，在旧式学者的观念里，还是一个可以争辩的问题。直至最近，人类学报告了一个惊人的消息，说在许多边疆和邻近民族的传说中，伏羲、女娲原是以兄妹为夫妇的一对人类的始祖，于是上面所谓可以争辩的问题，才因根本失却争辩价值而告解决了。总之，“兄妹配偶”是伏羲、女娲传说的最基本的轮廓，而这轮廓在文献中早被拆毁，它的复原是靠新兴的考古学，尤其是人类学的努力才得完成的。现在将这两方面关于这题目的贡献略加介绍如下：

关于伏羲、女娲，考古学曾经发现过些石刻和绢画两类的图像。

属于石刻类者有五种：

1. 武梁祠石室画像第一石第二层第一图。

2. 同上左右室第四石各图。

3. 东汉石刻画像。

4. 山东鱼台西塞里伏羲陵前石刻画像。

5. 兰山古墓石柱刻像（以上两种均马邦玉《汉碑录文》所述）。

属于绢画类者有两种：

1. 隋高昌故址阿斯塔那（Astana）墓室彩色绢画（斯坦因得）。

2. 吐鲁番古冢出土彩色绢画（黄文弼得）。

中以武梁祠画像尤其著名，诸家考释亦皆以此为根据。其中讨论得比较详细的，计有瞿中溶《武梁祠堂画像考》、马邦玉《汉碑录文》、容庚《武梁祠画像考释》。“伏羲”“仓精”之语，既明见于画像的题识，则二人中之一人为伏羲，自不成问题，因而诸家考释的重心大都皆在证明其另一人为女娲。他们所用的证据，最主要的是诸书所屡见提到的伏羲、女娲人首龙身（或蛇身）之说，与画像正合。总之，考古家对本题的贡献，是由确定图中另一人为伏羲的配偶女娲，因而证实了二人的夫妇关系。

人类学可供给我们的材料，似乎是无限度的。我并不曾有计划地收集这些材料。目前我所有的材料仅仅是两篇可说偶尔闯进我视线来的文章。

1. 芮逸夫：《苗族的洪水故事与伏羲女娲的传说》（《人类学集刊》第一卷第一期）。

2. 常任侠：《沙坪坝出土之石棺画像研究》（《时事新报》渝版《学灯》第四十一、四十二期，又《说文月刊》第一卷第十、十一期合刊）。

前者搜罗材料，范围甚广。记录着芮氏自己所采集和转引中外书籍里的洪水故事，凡二十余则，是研究伏羲、女娲必不可少的材料。后者论材料的数量，虽远非前者能比，论其性质，却也相当重要。所载瑶族洪水故事和汉译苗文《盘王歌》一部分，也极有用。现在合并二文所记，依地理分布，由近而远，列号标目如下：

1. 湘西凤凰苗人吴文祥述洪水故事。

2. 湘西凤凰苗人吴佐良述洪水故事。

3. 湘西凤凰苗人《傩公傩母歌》。

4. 湘西乾城苗人《傩神起源歌》。

5. 葛维汉（D. C. Craham）述川南苗人洪水故事。

6. 贵州贵阳南部鸦雀苗洪水故事［引克拉克（Samuel R. Clarke）《中国西南夷地旅居记》（*Among the Tribes in Southwest China*）］。

7. 贵州安顺青苗故事（引鸟居龙藏（Torii Ryuzo）《苗族调查报告》）。

8. 同上又一故事（引前书）。

9. 苗人洪水故事［引萨费那（F. M. Savina）《苗族史》（*Histoire des Miao*）］。

10. 黑苗《洪水歌》本事（引克拉克《中国西南夷地旅居记》）。

11. 赫微特（H. J. Hewitt）述花苗洪水故事（引前书）。

12. 广西融县罗城瑶人洪水故事（常文《说文月刊》第一卷第十、十一期合刊）。

13. 广西武宣修仁瑶人洪水故事。

14. 汉译苗文《盘王歌书葫芦晓歌》。

15. 云南倮儸洪水故事［芮文《人类学集刊》第一卷第一期引维亚尔（Paul Vial）《倮儸族》（*Les Iolos*）］。

16. 云南耿马大平石头寨傈僳人洪水故事。

17. 云南耿马蚌隆寨老亢人洪水故事。

18. 拉崇几哀（Lunnet de Lajonguiere）记法领东京蛮族（Man）洪水故事（引萨费那《苗族史》）。

19. 交趾支那巴那族（Ba-hnars）洪水故事［引盖拉希（Guerlach）《巴那蛮族的生活与迷信》（*Moeuts et sperstitions de Souvages Ba-hnars，Les Mission Catholigue xix*）］。

20. 印度中部比乐族（Bhils）洪水故事［引鲁阿特（C. E. Luard）《马尔瓦森林部族》（*The lungles Tribes of Malwa*）］。

21. 印度中部坎马尔族（Kammars）洪水故事［引罗塞尔（R. V. Russell）《印度中部的土族与社会阶级》（*Tribes and Casts of the Central Provinces of India*）iii］。

22. 北婆罗洲配甘族（Pagans）洪水故事［引勃特（Owen Butter）《北婆罗洲的配甘族》（*The Pagans of the North Borneo*）］。

23. 同上又一故事（引前书同页）。

24. 海南岛加钗峒黎人洪水故事（引刘咸《海南岛黎人文身之研究》，《民族学研究集刊》第一期）。

25. 台湾岛阿眉族（Ami）洪水故事［引石井信次（Shinji Ishii）《台湾岛及其原始住民》（*The Island of Formosa and its Primitive Inhabitants*）］。

以上这些故事，记载得虽有详有略，但其中心母题总是洪水来时，只兄妹（或姐弟）二人得救，后结为夫妇，遂为人类的始祖。3、12，兄名皆作“伏羲”，13 作“伏倦”，也即伏羲。18，兄名“Phu-Hay”，妹名“Phu-Hay-Mui”，明显即伏羲与伏羲妹的译音。6，兄名“Bu-i”，据调查人克拉克氏说，用汉语则曰“Fu-hsi”，也是“伏羲”的译音。同故事中的妹曰“Kueh”，芮氏以为即“娲”的对音，那也是可信的。除上述兄妹的名字与伏羲、女娲的名字相合外，芮氏又指出了故事中“创造人类”与“洪水”二点，也与文献中的伏羲、女娲传说相合。这样一来，故事中的兄妹，即汉籍中的伏羲、女娲，便可完全肯定了。

但人类学对这问题的贡献，不仅是因那些故事的发现，而使文献中有关二人的传说得了印证，最要紧的还是以前七零八落的传说或传说的痕迹，现在可以连贯成一个完整的有机体了。从前是兄妹，是夫妇，是人类的创造者，是洪水等隔离的，有时还是矛盾的个别事件；现在则是整个“兄妹配偶”兼“洪水遗民”型的人类推源故事。从传统观念看来，这件事太新奇、太有趣了。

以上介绍的芮、常二文，芮文以洪水遗民故事为重心，而旁及于人首蛇身画像；常文则以人首蛇身画像为主题，而附论及洪水遗民故事。前者的立场是人类学的，后者是考古学的。而前者论列得尤其精细，创见亦较多。本文的材料既多数根据于二文，则在性质上亦可视为二文的继续。不过作者于神话有癖好，而对于广义的语言学（Philology）与历史兴味也浓，故本文若有立场，其立场显与二家不同。就这观点说，则本文又可视为对二文的一种补充。总之，二君都是我的先导，这是我应该声明的。

二 从人首蛇身像谈到龙与图腾

（一）人首蛇身神

人首蛇身像实有二种。一种是单人像，可用上名；另一种是双人像，可称为人首蛇身交尾像。后者在我们研究的范围里尤其重要。目前我们所知道的交尾像计有七件，如前所列。今就画像的质地分为两类，一是石刻类，二是绢画类。画像中的人物即伏羲、女娲夫妇二人，早有定论。但那人首蛇身式的超自然的形体，究竟代表着一种什么意义？它的起源与流变又如何？这些似乎从未被探讨过的问题，正是本文所要试求解答的。

文献中关于伏羲、女娲蛇身的明文记载，至早不会超过东汉。

王逸《楚辞·天问》：“女娲人头蛇身。”

王延寿《鲁灵光殿赋》：“伏羲鳞身，女娲蛇躯。”

曹植《女娲画赞》：“或云二皇，人首蛇形。”

《伪列子·黄帝篇》：“庖牺氏，女娲氏……蛇身人面。”

《帝王世纪》：“庖牺氏……蛇身人首”，“女

娲氏……亦蛇身人首”。(《艺文类聚·二》引)

《拾遗记》:“又见一神,蛇身人面……示禹八卦之图,列于金版之上。……蛇身之神,即羲皇也。”

《玄中记》:“伏羲鳞身,女娲蛇躯。”(《文选·鲁灵光殿赋》注引)

不过,《鲁灵光殿赋》虽是东汉的作品,所描写的却确乎是西汉的遗物。

灵光殿是鲁恭王刘余(公元前154—前127)的建筑物。《鲁灵光殿赋》中所描写的是殿内类似武梁祠刻石的壁画。从恭王余到王延寿约三百年间,殿宇可以几经修葺,壁外层的彩色可以几经刷新,但那基本部分的石刻是不会有变动的。人首蛇身的伏羲、女娲像,在西汉初期既已成为建筑装饰的题材,则其传说渊源之古,可想而知。有了这种保证,我们不妨再向稍早的文献中探探它的消息。

《山海经·海内经》曰:

南方……有人曰苗民。有神焉,人首蛇身,长如辕,左右有首,衣紫衣,冠旃冠,名曰延维。人主得而飨之,伯天下。

郭璞注说延维即《庄子》所谓委蛇,是对的。委蛇的故事见于《庄子·达生篇》:

桓公田于泽,管仲御,见鬼焉。公抚管仲之手曰:“仲父何见?”对曰:“臣无所见。”公反,诶诒为病,数日不出。

齐士有皇子告敖者曰:“公则自伤,鬼恶能伤公……”

桓公曰:“然则有鬼乎?”曰:“有。沈(湛,释文,水污泥也)有履,灶有髻。户内之烦壤,雷霆处之。东北方之下者,倍阿鲑蠪跃之。西北方之下者,泆阳处之。水有罔象,丘有峷,山有夔,野有彷徨,泽有委蛇。”公曰:“请问委蛇之状何如?”皇子曰:“委蛇,其大如毂,其长如辕,紫衣而朱冠。其为物也恶雷,闻雷车之声,则捧其首而立。见之者殆乎霸。”桓公辴然而笑曰:“此寡人之所见者也。”于是正衣冠与之坐,不终日而不知病之去也。

关于“左右有首”,也许需要一点儿解释。《山海经》等书里凡讲到左右有首,或前后有首,或一身二首的生物时,实有雌雄交配状态之误解或曲解(正看为前后有首,侧看为左右有首,混言之则为一身二首。详下)。综合以上《山海经》和《庄子》二记载,就神的形貌

◎ 元 任仁发 布袋罗汉图（局部）

说，那人首蛇身、左右有首和紫衣旃冠三点，可说完全与画像所表现的相合。然而我们相信延维或委蛇，即伏羲、女娲，其理尚不止此。

1. 相传伏羲本是“为百王先首”的帝王，故飨之或见之者可以霸天下。

2. 上揭洪水故事1、2、3、4、12、13、18，都以雷神为代表恶势力的魔王，他与兄妹的父亲（老伏羲）结了仇怨，时时企图伤害老伏羲，最后竟发动洪水，几乎将全人类灭绝。这样一来，伏羲怕雷不是很自然的吗？所以在《庄子》里，委蛇“闻雷车之声，则捧其首而立”，不是没有原因的。

3. 最后，也最重要的，是那以伏羲、女娲为中心的洪水遗民故事，本在苗族中流传最盛，因此芮氏疑心它即起源于该族。依芮氏的观点，伏羲、女娲本当是苗族的祖神。现在我既考定了所谓“延维”或“委蛇”者即伏羲、女娲，而《山海经》却明说他们是南方苗民之神。这与芮氏的推测，不就完全相合了吗？

《海内经》据说是《山海经》里最晚出的一部分，甚至有晚到东汉的嫌疑。但传说同时又见于《庄子·达生篇》。属于《庄子·外篇》的《达生篇》，想来再晚也不会晚过西汉，早则自然可以到战国末年。总观上揭所有的人首蛇身神的图像与文字记载，考其年代，大致上起战国末叶，下至魏晋之间。这是一个极有趣的现象，因为那也正是古帝王的伏羲、女娲传说在史乘中最活跃的时期。最初提到伏羲或伏羲氏的典籍，是《易经》（《系辞下传》），《管子》（《封禅篇》《轻重·戊篇》），《庄子》（《人间世篇》《大宗师篇》《胠箧篇》《缮性篇》《田子方篇》），《尸子》（《君治篇》，又《北堂书钞·一五三》引佚文），《荀子》（《成相篇》），《楚辞》（《大招》），《战国策》（《赵策二》）。女娲则始见于《楚辞》（《天问》）和《礼记》（《明堂位篇》），《山海经》（《大荒西经》）。二人名字并见的例，则始于《淮南子》（《览冥训》）。他们在同书里又被称为“二神”（《精神训》），或“二皇”（《原道训》《缪称训》）。不久，在纬书中（《尚书中候》《春秋元命苞》及《运斗枢》），我们便开始看见他们被列为“三皇”中之首“二皇”。大概从西汉末到东汉末是伏羲、女娲在史乘上最煊赫的时期。到三国时徐整的《三五历纪》，盘古传说开始出现，伏羲的地位便开始低落了。所以我们拟定魏晋之间为这个传说终止活跃的年代。史乘上，伏羲、女娲传说最活跃的时期，也就是人首蛇身神的画像与记载出现的时期，这现象也暗示着人首蛇身即伏羲、女娲的极大可能性。

因左右有首的人首蛇身神而产生的二首人的传说，也是在这个时期发现的。

睽孤，见豕负涂，厥妖人生两头。（京房《易传》）

平帝元始元年……六月，长安女子生儿，两头异颈，面相乡，四臂共匈，俱前乡。（《汉书·五行志下之上》）

蒙双民。昔高阳氏有同产而为夫妇，帝放之北野，相抱而死。神鸟以不死草覆之，七年，男女皆活，同颈、二头、四手，是为蒙双民。（《博物志·二》）

最后一故事说“同产而为夫妇”，与伏羲、女娲以兄妹为夫妇尤其类似。看来，不但人首蛇身像的流传很早，连兄妹配偶型的洪水故事，在汉族中恐怕也早就有了。

（二）二龙传说

揣想起来，在半人半兽型的人首蛇身神以前，必有一个全兽型的蛇神的阶段。《国语·郑语》载史伯引《训语》说：

夏之衰也，褒人之神化为二龙，以同于王庭，而言曰：“余，褒之二君也。”夏后卜杀之，与去之，与止之，莫吉。卜请其漦而藏之，吉。乃布币焉，而策告之。龙亡而漦在，椟而藏之，传郊之，及殷、周莫之发也。及厉王之末，发而观之，漦流于庭，不可除也。王使妇人不帏而噪之，化为玄鼋。

“同”即交合之谓。《山海经·海内经》：“伯陵同吴权之妻阿女缘妇。”郭注曰“同犹通言淫之也”，《急就篇》亦有“沐浴揃搣寡合同”之语。“二龙同于王庭”使我们联想起那“左右有首”的人首蛇身交尾像。

“二君”韦注曰“二先君”，《史记·周本纪》集解引虞翻曰：“龙自号褒之二先君也。”由二龙为“同于王庭”的雌雄二龙推之，所谓“二君”自然是夫妇二人。夫妇二人有着共同为人“先君”的资格，并且是龙的化身，这太像伏羲、女娲了。伏羲本一作包羲，包、褒同音，说不定伏羲氏与褒国果然有着极其密切的关系。至少我们以这二龙之神，与那人首蛇身的二神，来代表一种传说在演变过程上的前后二阶段，是毫不牵强的。

在现存的文献中，像《郑语》所载的那样完整的故事，那样完好地保存着二龙传说的原型，不用说，是不易找到第二个的。不过关于这传说的零星的“一鳞半爪”，只要我们肯留心，却几乎到处都是。现在我们略举数例如下。

1. 交龙

交龙为旂。（《周礼·司常》）

昔黄帝驾象车，交龙毕方并辖。（《风俗通义·声音篇》）

锦有大交龙，小交龙。（《邺中记》）

什么是交龙？郑玄注《周礼·司常》“诸侯建旂”曰：“诸侯画交龙，一象其升朝，一象其下复也。”“升朝”“下复”的解释很可笑，但注文的意思，以为交龙是两龙相交，一首向上，一首向下，却不错。他注《觐礼记》“天子载大旂，象日月，升龙降龙”曰：“大旂，大常也。王建大常，縿首画日月，其下及旒交画升龙降龙。”所谓“交画升龙降龙”，正是两龙相交，一首向上，一首向下之状。《释名·释兵》曰：“交龙为旂。旂，倚也，画作两龙相依倚也。”刘熙的解释与郑玄略异，但以交龙为两条龙，则与郑同。

所谓交龙者既是二龙相交的图像，而绘着这种图像的旂又是天子诸侯的标识，则交龙与那“同于王庭”的褒之二龙是同一性质的东西，可无疑问了。《汉书·高帝纪》上说：

母刘媪，尝息大泽之陂，梦与神遇。是时雷电晦冥。父太公往视，则见交龙于上。已而有娠，遂产高祖。

这交龙也是指相交的雌雄二龙——雄龙神，雌龙刘媪。代表神与刘媪的二龙，与代表褒之二君的二龙，仍然是同一性质的东西。我们在上文已经指出伏羲、女娲与褒之二君的类似处，再看

《路史·后纪一》注引《宝椟记》：

帝女游于华胥之渊，感地而孕，十三年生庖牺。

这和“赤龙感女媪”（《太平御览·八七》引《诗纬含神雾》)而生刘邦的故事,又何其相似!

2. 螣蛇

古书有所谓“螣蛇”者，或作“腾蛇”。

飞龙乘云，腾蛇游雾。（《韩非子·难势篇》引《慎子》）

螣蛇无足而飞。（《荀子·劝学篇》）

螣蛇伏地，凤皇覆上。（《韩非子·十过篇》）

腾蛇游雾而殆于蝍蛆。（《淮南子·说林训》）

腾蛇游于雾露，乘于风雨而行，非千里不止。（《说苑·杂言篇》）

许慎说螣是一种神蛇，郭璞说它是龙类。看它“能兴云雾而游其中”（《尔雅》郭注），又有鳞甲（《后汉书》注引《尔雅》旧注），说它是属于龙类的一种神蛇，是可信的。《汉书·天文志》“权，轩辕，黄龙体”注引孟康曰：“形如腾龙。”如果这所谓腾龙即腾蛇，则螣蛇之为龙类，更无问题了。但“螣”字的含义，似乎从未被说明过。我们则以为螣蛇之“螣”与交龙之“交”的意义一样。“螣”从“朕”声。“朕”声字多有“二”义，最明显的，如“膝”（从联省声）训双（《方言·二》），“賸”训二（《广雅·释诂四》），“賸”训儋两头有物(《方言·七》郭注），皆是。引申起来，物相增加则谓之“賸”（《说文》），牝牡相交谓之“腾”。相交与相加之义极近。《月令》：“乃合累牛腾马，游牝于牧。”郑注曰：“累、腾，皆乘匹之名。”“乘匹”即《周礼·牧师》“仲春通淫”及《校人》“春执驹”之谓，故郑注《校人》曰：“春通淫之时，驹弱血气未定，为其乘匹伤之也。”螣蛇之“螣”本一作“腾”，“螣蛇”的本义应是“乘匹之蛇”。《淮南子·泰族训》曰：

腾蛇雄鸣于上风，雌鸣于下风，而化成形，精之至也。

刘勰《新论 · 类感篇》作"螣"。"雄鸣于上风，雌鸣于下风，而化成形"，正是由二蛇相交的观念演化出来的一种传说。螣蛇又名奔蛇，见《淮南子・览冥训》高注，及《尔雅・释鱼》郭注。"奔"亦有乘匹之义。《鄘风・鹑之奔奔篇》："鹑之奔奔，鹊之疆疆。"《释文》引《韩诗》曰："奔奔疆疆，乘匹之貌。"《左传・襄公二十七年》，伯有赋《鹑之奔奔》，赵孟斥之为"床笫之言"，可作韩义的佳证。螣蛇又名奔蛇，而"螣"（腾）、"奔"皆训乘匹，可见"螣蛇"的本义确与上文所解说的交龙一样。并且"螣"之言"縢"也，"交"之言"绞"也，若舍用而言体，则螣蛇亦可谓之縢蛇，交龙亦可谓之绞龙。"縢""缠"一声之转，《杂记》疏曰："（绳）两股相交谓之绞。""缠"与"绞"同义，正如"螣"（腾）与"交"同义一样。又《方言・五》"槌，其横关西㭝"，郭注曰："亦名校。"钱绎《笺疏》曰："㭝亦名校者，犹机持会者谓之交也。《说文》：'榎，机持会者。'又鲁季敬姜说织曰：'持交而不失，出入不绝者梱也。'持交即持会也。"螣蛇一名交龙，与㭝一名校，又属同例。校既是取义于"交会"，则之取义于"縢缠"可知。交龙与螣蛇之名，即取交合与縢缠之义，也同校与㭝之取义于交会与縢缠一样。总之"螣蛇"与"交龙"，不拘就哪种观点说，都是同义语。交龙和那"同于王庭"的褒之二龙，是同一性质的东西，我们在上文已经讲过。如今又证明了螣蛇与交龙为同义语，则螣蛇与褒之二龙的关系可以不言而喻了。

3. 两头蛇

两头蛇又有种种异名。现在将传说中凡具有这种异状的蛇，都归为一类。

中央有枳首蛇焉。（《尔雅・释地》）

楚相孙叔敖为婴儿之时，见两头蛇，杀而埋之。（《论衡・福虚篇》）

今江东呼两头蛇为越王约发。（《尔雅・释地》郭璞注）

虹虹在其（君子国）北，各有两首。（《海外东经》）

螝（虺）二首。（《颜氏家训・勉学篇》引《庄子》佚文）

虫有虺者，一身两口。（《韩非子・说林下篇》）

方皇状如蛇，两头，五采文。（《庄子・达生篇》司马彪注）

◎ 明 陶佾 墨龙图（局部）

谓之“两头”者，无论是左右两头，或前后两头，不用讲，都是两蛇交尾状态的误解或曲解。这可以由参考关于两头鸟和两头兽的几种记载而得到证明。

鸟名鸓者两首四足，牛状的天神八足二首，均见《西山经》。神鹿一身八足两头，见《楚辞·天问》王注。鸟有两头，同时也有四足，可见原是两鸟。兽有两头，同时也有八足，可见原是两兽。

《春秋公羊传·宣公五年》杨疏引旧说曰：“双双之鸟，一身二首，尾有雌雄，常不离散。”既雌雄备具，又常不离散，其为两鸟交配之状，尤为明显。

两头彘名曰并封（《海外西经》），一作屏蓬（《大荒西经》）。一种名娇虫的二首神所居的山，名曰“平逢之山”（《中山经》）。“并封”“屏蓬”“平逢”等名的本字当作“并逢”。“并”与“逢”都有合义。兽牝牡相合名曰“并逢”，犹如人男女私合曰“姘”（《苍颉篇》）。《周颂·小毖》：“予其惩而毖后患，莫予荓蜂。”《毛传》曰：“荓蜂，瘐曳也。”荓蜂字一作甹夆。《尔雅·释训》：“甹夆，掣曳也。”郭注曰：“谓牵拖。”荓蜂（甹夆）亦即并逢。交合与牵掣，只是一种行为中向心与离心两种动作罢了。盛弘之《荆州记》描写武陵郡西的两头鹿为“前后有头，常以一头食，一头行”，正是“并逢”所含的“掣曳牵拖”之义的具体说明。

《西山经》：“其鸟多鸓……赤黑而两首四足。”“鸓”当与《月令》“累牛腾马”之“累”通，郑注训为“乘匹之名”。“乘匹”的解释，上文已详。“累”“腾”同义，而“累”与“鸓”，“腾”与“螣”字并通，然则乘匹之鸟谓之鸓，亦犹乘匹之蛇谓之螣。以上我们由分析几种两头鸟和两头兽的名称与形状，判定了那些都是关于鸟兽的性的行为的一种歪曲记录。

两头蛇可以由此类推。我们又注意到鸓鸟与螣蛇的命名完全同义。若由这一点再推论下去，两头鸟既名曰鸓鸟，则所谓两头蛇者莫非就是螣蛇吧！这不是不可能的，如果我们明了由交龙到螣蛇，由螣蛇到两头蛇，是传说演变过程中三个必然的步骤。

在“交龙”一词中，其龙之必为雌雄二龙，是显而易见的。“螣蛇”则不然。若非上揭《淮南子》“雄鸣于上风，雌鸣于下风”那两句话，这蛇之为雌雄二蛇，便毫无具体的对证。然而在这里，“二蛇”的含义，毕竟只是被隐瞒了，充其量，也只是对那一层消极地保持缄默。说到“两头蛇”，那便居然积极地肯定了只有一条蛇。三种名称正代表着去神话的真相愈来愈远的三种观念。然而即在讹变最甚的两头蛇传说中，有时也不免透露一点儿最真实的、最正确的消息。江东呼两头蛇为“越王约发”。“约发”虽不甚可解，“越王”二字所显示的身份，不与那身为“褒之二君”的二龙相埒吗？孙叔敖杀死两头蛇的故事，经过较缜密的分析，也可透露同类的消息。不过这问题太复杂，这里无法讨论。

4. 一般的二龙

古书讲到龙的故事，往往说是二龙。

帝赐之（孔甲）乘龙，河汉各二，各有雌雄。（《左传·昭公二十九年》）

今王（魏安釐王）四年，碧阳君之诸御产二龙。（《开元占经·人及鬼神占篇》引《纪年》）

秦犯夷，输黄龙一双。（《后汉书·南蛮传》载秦昭王与板楯蛮夷盟）

惠帝二年正月癸酉旦，有两龙见于兰陵廷东里温陵井中。（《汉书·五行志下之上》）

孔子生之夜，有二苍龙自天而下。（《伏侯古今注》）

（甘露）四年春正月，黄龙二见宁陵县界井中。（《魏志·高贵乡公纪》）

孙楚上书曰：“顷闻武库井中有二龙。”（《开元占经·龙鱼虫蛇占篇》引《晋阳秋》）

谢晦家室各宅南路上有古井，以元嘉二年，汲者忽见二龙，甚分明。（同上引《异苑》）

神人乘驾二龙，尤其数见不鲜。

驾两龙兮骖螭。（《九歌·河伯》）

禹平天下，二龙降之，禹御龙行域外，既周而还。（敦煌旧抄《瑞应图》残卷引《括地图》）

大乐之野，夏后启于此儛九代，乘两龙。（《海外西经》）

南方祝融，兽身人面，乘两龙。（《海外南经》）

西方蓐收，左耳有蛇，乘两龙。（《海外西经》）

北方禺疆，人面鸟身，黑身手足，乘两龙。（《海外北经》）

东方句芒，鸟身人面，乘两龙。（《海外东经》）

在传说里，五灵中凤、麟、虎、龟等四灵，差不多从未听到成双地出现过，唯独龙则不然。除非承认这里有着某种悠久的神话背景，这现象恐怕是难以解释了。与这等情形相似的，是古器物上那些双龙（或蛇）相交形的平面的花纹，或立体的附加部分，如提梁、耳环、纽、足等。这些或为写实式的图像，或为“便化”的几何式图案，其渊源于某种神话的“母题”，也是相当明显的。上揭《邺中记》“锦有大交龙，小交龙”，本指锦的图案而言，所以也可归入这一类。以上这些见于文字记载和造型艺术的二龙，在应用的实际意义上，诚然多半已与原始的二龙神话失去联系，但其应用范围之普遍与时间之长久，则足以反映神话在我们文化中所占势力之雄厚。这神话不但是褒之二龙，以及散见于古籍中的交龙、螣蛇、两头蛇等传说的共同来源，同时它也是那人首蛇身的“二皇”——伏羲、女娲，和他们的化身——延维或委蛇的来源。神话本身又是怎样来的呢？我们确信，它是荒古时代的图腾主义（Totemism）的遗迹。

（三）图腾的演变

我们在上文时而说龙，时而又说蛇。龙、蛇的关系究竟怎样？它们是一种生物呢，还是两种？读者们心中恐怕早已在为这些问题纳闷。在解答这些问题之前，我们先要问，究竟什么是龙？是的，什么是龙，确乎是一个谜。天文房星为龙，又为马。《尚书中候·握河纪》说：“龙马衔甲……自河而出。”《论衡·龙虚篇》说：“世俗画龙之象，马头蛇尾。”可见龙确像马。龙像马，所以马往往被呼为龙。《月令》“驾苍龙”，《尸子·君治篇》“人之言君天下者……骐骥青龙，而尧素车白马”，《吕氏春秋·本味篇》“马之美者，青龙之匹”，《周礼·庾人》“马八尺以上为龙”，皆其例。龙有时又像狗。《后汉书·孔僖传》“画龙不成反类狗”，《列仙传·呼子先传》“有仙人持二茅狗来……子先与酒媪各骑其一，乃龙也”，《博物志·八》引《徐偃王志》“有犬名鹄仓……临死生角而九尾，实黄龙也”，《陈书》“正元元年，有黑龙如狗，走宣阳门”。

◎南宋·陈容《九龙图》（局部）（下页同）

龙像狗，所以狗也被呼为龙。《搜神后记·九》："会稽句章民张然……在都养一狗，甚快，名曰乌龙。"此外还有一种有鳞的龙像鱼，一种有翼的又像鸟，一种有角的又像鹿。至于与龙最容易相混的各种爬虫类的生物，更不必列举了。然则龙究竟是个什么东西呢？我们的答案是：它是一种图腾（Totem），并且是只存在于图腾中而不存在于生物界中的一种虚拟的生物，因为它是由许多不同的图腾糅合成的一种综合体。因部落的兼并而产生的混合的图腾，古埃及是一个最显著的例子。在我们历史上，五方兽中的北方玄武本是龟、蛇二兽，也是一个好例。不同的是，这些是几个图腾单位并存着，各单位的个别形态依然未变；而龙则是许多单位经过融化作用，形成了一个新的大单位，其各小单位已经是不复个别的存在罢了。前者可称为混合式的图腾，后者是化合式的图腾。部落总是强的兼并弱的，大的兼并小的，所以在混合式的图腾中总有一种主要的生物或无生物，作为它的基本的中心单位。同样的，在化合式的图腾中，也必然是以一种生物或无生物的形态为其主干，而以其他若干生物或无生物的形态为附加部分。龙图腾，不拘它局部像马也好，像狗也好，或像鱼、像鸟、像鹿都好，它的主干部分和基本形态却是蛇。这表明在当初那众图腾单位林立的时代，内中以蛇图腾最为强大，众图腾的合并与融化，便是这蛇图腾兼并与同化了许多弱小单位的结果。金文"龙"字（"郘钟""王孙钟"）和"龏"字（"颂鼎""颂簋""禾簋""秦公簋""陈侯因齐敦"）的偏旁皆从"巳"，而"巳"即蛇，可见龙的基调还是蛇。大概图腾未合并以前，所谓龙者只是一种大蛇。这种蛇的名字便叫作"龙"。后来有一个以这种大蛇为图腾的团族（Klan）兼并并吸收了许多别的形形色色的图腾团族，大蛇这才接受了兽类的四脚，马的头，鬣的尾，鹿的角，狗的爪，鱼的鳞和须……于是便成为我们现在所知道的龙了。这样看来，龙与蛇实在可分而又不可分。说是一种东西，它们的形状看来相差很远；说是两种，龙的基调还是蛇。并且既称之为龙，就已经承认了它是蛇类，因为上文已经说过，"龙"在最初本是一种大蛇

的名字。总之，蛇与龙二名从来就纠缠不清，所以我们在引用古书中关于龙蛇的传说时，就无法，也不必将它们分清。甚至正因其分不清，这问题对于我们才特别有意义。不错，唯其龙蛇分不清，我们才更能确定龙是古代图腾社会的遗迹。因为我们知道，图腾的合并，是图腾式的社会发展必循的途径。

图腾有动物，有植物，也有无生物，但最习见的还是动物。同一图腾的分子都自认为是这图腾的子孙。如果图腾是一种动物，他们就认定那动物为他们的祖先，于是他们自己全团族的男男女女、老老少少也都是那种动物了。在中国的少数民族中，曾奉狗为图腾的瑶族，如今还很鲜明地保存着这种意识。陆次云《峒溪纤志》说他们“岁首祭盘瓠，揉鱼肉于木槽，扣槽群号以为礼”。刘锡蕃《岭表纪蛮》也说：“狗王唯狗瑶祀之。每值正朔，家人负狗环行炉灶三匝，然后举家男女向狗膜拜。是日就餐，必扣槽蹲地而食，以为尽礼。”这种风俗与现代世界各处的图腾团族举行舞会，装扮并模仿其图腾的特性与动作，是同样性质的。我国古代所谓“禹步”的一种独脚舞，本是仿效蛇跳，也属于这类。他们之所以要这样做，确有其绝对的实际作用。凡图腾，都是那一图腾团族的老祖宗，也是他们的监护神和防卫者。他给他们供给食物，驱除灾祸，给他们降示预言以指导他们趋吉避凶。如果它是一种毒虫或猛兽，那更好，因为那样它更能为儿孙们尽防卫之责。每个老祖宗当然知道谁是他的儿孙，认识他们的相貌和声音。但儿孙太多时，老祖宗一时疏忽，认错了人，那是谁也不能担保的。所以为保证老祖宗的注意，儿孙们最好是不时在老祖宗面前演习他们本图腾的特殊姿态、动作与声调，以便提醒老祖宗的记忆。这便是前面所讲的瑶族祭狗王时“扣槽群号”而食和“禹步”的目的。另一种保证老祖宗注意的方法，是经常在装饰上表现本图腾的特殊形象，以便老祖宗随时随地见面就认识。代表这一种手段的实例，便是我们马上就要讨论的龙图腾的“断发文身”的风俗。

“阿玛巴人（Omabas）的‘龟’部族，把头发剪成和龟的甲壳同样的形式，在四边分成六条小辫，代表龟的四足与头尾。小鸟的部族，则在额上梳成鸟的喙；有的又在脑后留小辫，以代表鸟的尾；在两耳上梳成两簇头发，以代表鸟的两翼。有时更在身上刺画种种花纹，力求与其图腾的形态相类似。”（胡愈之译《图腾主义》）在我国古代，有几个著名的修剪头发（断发）、刺画身体（文身）

的民族，其装饰的目的则在模拟龙的形状。

九疑之南，陆事寡而水事众，于是民人劗发文身，以像鳞虫。（《淮南子·原道训》。高诱注曰："文身，刻画其体，内墨其中，为蛟龙之状。以入水，蛟龙不害也，故曰以像鳞虫也。"）

诸发曰："彼越……处海垂之际，屏外蕃以为居，而蛟龙又与我争焉。是以剪发文身，烂然成章，以象（像）龙子者，将避水神也。"（《说苑·奉使篇》）

（粤人）文身断发，以避蛟龙之害。（《汉书·地理志下》）

越人以箴刺皮为龙文，所以为尊荣之也。（《淮南子·泰族训》许慎注）

（越人）常在水中，故断其发，文其身，以象（像）龙子。故不见伤害也。（《汉书·地理志下》应劭注）

（哀牢）种人皆刻画其身，象（像）龙文。（《后汉书·西南夷列传》）

《淮南子》《说苑》和班固、高诱、应劭等一致都认为文身的动机是要避蛟龙之害。内中《说苑》所载越人诸发的故事又见于《韩诗外传·八》（《外传》里"诸发"作"廉稽"）。《韩诗外传》和《说苑》都是典型的抄撮古书的书，这故事必出自先秦古籍。避害之说可能就是实行文身的越人自己的解释，所以这点材料特别宝贵，我们得将它仔细分析一下。为什么装扮得像龙，就不为蛟龙所害呢？人所伪装的龙，其像真龙能像到什么程度？龙果真那样容易被骗吗？并且水里可以伤害人的东西，不见得只有龙一种。越人纵然"常在水中"，也不能一辈子不登陆，对陆上害人的虎豹之类，何以又毫无戒心呢？然则断发文身似乎还当有一层更曲折、更深远的意义。龙之不加害于越人，恐怕不是受了越人化装的蒙蔽，而是它心甘情愿如此。越人之化装，也不是存心欺骗，而是一种虔诚心情的表现。换言之，"断发文身"是一种图腾主义的原始宗教行为（图腾崇拜依然是一种幼稚的宗教）。他们断发文身以象（像）龙，是因为龙是他们的图腾。换言之，因为相信自己为"龙种"，有"龙性"，他们才断发文身以像"龙形"。诸发所谓"以象（像）龙子"者，本义是说实质是"龙子"，所差的只是形貌不大像，所以要"断其发，文其身"以象（像）之。既然"断发文身"只是完成形式的一种手续，严格说来，那件事就并不太重要。如果一个人本非“龙子”，即使断发文身，还是不能避害的。反之，一个人本是“龙子”，即使不断发、不文身，龙也不致伤害他。不过这是纯理论的说法。实际上，还是把“龙子”的身份明白地披露出来妥当点，理由上文已经说过。还有龙既是他们的图腾，而他们又确信图腾便是他们的祖宗，何以他们又那样担心蛟龙害他们呢？世间岂有祖宗会伤害自己的儿孙的道理？讲到这里，我们又疑心断发文身的目的，固然是避免祖宗本人误加伤害，同时恐怕也是给祖宗便于保护，以免被旁人伤害。最初，后一种意义也许比前一种还重要些。以上所批评的一种“断发文身”的解释，可称为“避害说”。这样还不能完全说明断发文身的真实动机和起源，但其中所显示的图腾崇拜的背景却是清清楚楚的。例如说“常在水中”，“蛟龙又与我争焉”，等于说自己是水居的生物。说“龙子”更坦白地承认了是“龙的儿子”。说“将避水神”，也可见那龙不是寻常的生物，而是有“神性”的东西。

至于许慎所谓“刺皮为龙文，所以为尊荣之也”，可称为“尊荣说”。这一说似乎与图腾无关，其实不然。就现代人观点看来，人决不以像爬虫为尊荣。这完全是图腾主义的心理。图腾既是祖宗，又是神，人哪有比像祖宗、像神更值得骄傲的事呢！龙之所以有资格被奉为图腾，当然有个先决条件。一定是假定了龙有一种广大无边的超自然的法力，即所谓“魔那”（Manna）者，然后才肯奉它为图腾，崇拜它，信任它，皈依它，把整个身体和心灵都交付给它。如果有方法使自己也变得和它一样，那岂不更妙？在这里，巫术——模拟巫术，便是野蛮人的如意算盘。“断其发，文其身”——人一像龙，人便是龙了。人是龙，当然也有龙的法力或“魔那”，这一来，一个人便不需老祖宗的呵护，而自然没有谁敢伤害、能伤害他了。依“避害说”的观点，是一个人要老祖宗相信他是龙；依“尊荣说”的观点，是要他自己相信自己是龙。前者如果是“欺人”，后者便是“自欺”了。“自欺”果然成功了，那成就便太大了。从前一个人不但不怕灾害的袭击，因而有了“安全感”，并且也因自尊心之满足而有了“尊荣感”了。人从此可以神自居了！《桂海虞衡志·志蛮篇》曰：“女及笄，即黥颊为细花纹，谓之绣面。女既黥，集亲客相庆贺。唯婢获则不绣面。”这也是“尊荣说”的一个实例。

先假定龙是自己的祖宗，自己便是“龙子”，是“龙子”便有“龙性”，等装扮成“龙形”，愈看愈像龙，愈想愈是龙，于是自己果然是龙了。这样一步步地推论下来，可称为“人的拟兽化”，正是典型的图腾主义的心理。这是第一阶段，从第一阶段到第二阶段，便是从图腾变为始祖。杜尔干（Durkheim）说“始祖之名仍然是一种图腾”（宗教生活的初级形式），是对的。上文所讨论的人首蛇身神，正代表图腾开始蜕变为始祖的一种形态。我们疑心创造人首蛇身型的始祖的蓝本，便是断发文身的野蛮人自身。当初人要据图腾的模样来改造自己，那是我们所谓“人的拟兽化”。但在那拟兽化的企图中，实际上他只能做到人首蛇身的半人半兽的地步。因为身上可以加文饰，尽量地使其像龙，头上的发剪短了，也多少有点帮助，面部却无法改变，这样的结果不正是人首蛇身了吗？如今智识进步，根据“同类产生同类”的原则，与自身同型的始祖观念产生了，便按自己的模样来拟想始祖，自己的模样既是半人半兽，当然始祖也是半人半兽了。这样由全的兽型图腾蜕变为半人半兽型的始祖，可称为“兽的拟人化”。这是第二阶段。在这阶段中，大概文身的习俗还存在，否则也离那习俗被废弃时不久了。等到文身的习俗完全绝迹，甚至连记忆也淡薄了，始祖的模样便也变作全人型的了。这是第三阶段。

当然每一新阶段产生之后，前一阶段的观念并不完全“死去”。几个观念并存时，不免感觉矛盾，矛盾总是要设法调解的。调解的方式很多，这里只举一种较为巧妙的例。传说中禹本是龙（详下）。《天问》：“应龙何画？河海何历？”王注曰：“禹治洪水时，有神龙以尾画地，导水所注当决者，因而治之。”这里画地成河的龙实即禹自己，能画地成河就是禹疏凿江河。图腾的龙禹，与始祖的人禹并存而矛盾了，于是便派龙为禹的老师，说禹治水的方法是从龙学来的。洪水故事22说，洪水退后，只剩姐弟二人。弟弟见蜥蜴交尾，告诉姐姐，二人便结为夫妇。后生双胎，即现代人类的始祖。这里交尾的蜥蜴实即姐弟二人。故事的产生，也为着调解图腾的蜥蜴与始祖的姐弟二说。这故事的格式与禹学龙治水正是同一类型。

图腾与“沓布”（taboo）是不能分离的。文献中关于龙蛇的传说与故事，可以“沓布”来解释的着实不少，如上文所引齐桓公见委蛇与孙叔敖杀两头蛇二故事都是。但是谈到沓布，似乎得另起端绪，而且说来话长，非本文篇幅所许，所以只好留待以后再讨论了。

（四）龙图腾的优势地位

假如我们承认中国古代有过图腾主义的社会形式，当时图腾团族必然很多，多到不计其数。我们已说过，现在所谓龙便是因原始的龙（一种蛇）图腾兼并了许多旁的图腾，而形成一种综合式的虚构的生物。这综合式的龙图腾团族所包括的单位，大概就是古代所谓“诸夏”，和至少与他们同姓的若干“夷狄”。他们起初都住在黄河流域的上游，即古代中原的西部；后来也许因受东方一个以鸟为图腾的商民族的压迫，一部分向北迁徙的，即后来的匈奴；一部分向南迁移的，即周初南方荆楚、吴越各“蛮族”，现在的苗族即其一部分的后裔。留在原地的一部分，虽一度被商人征服，政治势力暂时衰落，但其文化势力不但始终屹然未动，并且做了我国四千年文化的核心。东方商民族对我国古代文化的贡献虽大，但我们的文化终究以龙图腾团族（下简称龙族）的诸夏为基础。龙族的诸夏文化才是我们真正的本位文化，所以数千年来我们自称为“华夏”。历代帝王都说是龙的化身，而以龙为其符应，他们的旗章、宫室、舆服、器用，一切都刻画着龙文。总之，龙是我们立国的象征。直到民国成立，随着帝制的消亡，这观念才被放弃。然而说放弃，实地里并未放弃。正如政体是民主代替了君主，从前作为帝王象征的龙，现在变为每个中国人的象征了。也许这现象我们并不自觉，但一出国门，假如你有意要强调你的生活的“中国风”，你必多用龙文的图案来点缀你的服饰和室内陈设。那时你简直以一个旧日的帝王自居了。

现在我们仍旧回到历史。究竟哪些古代民族或民族英雄是属于龙族的呢？风姓的伏羲氏和古代有着人首蛇身神，近代奉伏羲、女娲为傩公傩母的苗族，不用讲了。与夏同姓的褒国，其先君二龙的故事，我们也引过，这也不成问题。越人“断发文身以象（像）龙子”，又相传为禹后（详后），则与褒同出一源，其为龙族，也不用怀疑。此外还有几个龙图腾的大团族，可以考见的，分述之如下。

1. 夏

夏为龙族，可用下列七事来证明：

（1）传说禹自身是龙。《海内经》注引《归藏·启筮篇》“鲧死，三岁不腐，剖之以吴刀，化为黄龙”，《初学记·二二》，《路史·后纪

◎ 清　陈世倌　圣帝明王善端录（局部之一、二、三、四）（下页同）

注一二》并引末句作“是用出禹”。禹是龙，所以《列子·黄帝篇》说夏后氏也是“蛇身人面”。应龙画地成河实即禹疏凿江河，说已详上。

（2）传说多言夏后氏有龙瑞。《史记·封禅书》：“夏得木德，青龙止于郊。”《尚书大传》描写禹受禅时的情形，说“于是八风循通，庆云丛聚，蟠龙奋迅于其藏，蛟鱼踊跃于其渊，龟鳖咸出于其穴，迁虞而事夏”。（这大概就是后来的鱼龙漫衍之戏。）龙是水族之长，所以龙王受禅，蛟鱼龟鳖之属都那样欢欣鼓舞。

（3）夏人的器物多以龙为饰。《礼记·明堂位》“有虞氏之旂，夏后氏之緌”，郑注谓“有虞氏当言緌，夏后氏当言旂”，甚确。《周礼·司常》：“交龙为旂。”《明堂位》又曰“夏后氏以龙勺”，“夏后氏之龙簨虡”。要晓得原始人器物上的装潢，往往是实用的图腾标记，并无纯粹的审美意义。

（4）传说夏后氏诸王多乘龙。《括地图》说禹乘二龙，引见上文。《大荒西经》注引《归藏·郑母经》曰：“夏后启筮御飞龙登于天。”《海外西经》《大荒西经》都说启乘两龙，《左传》说帝赐孔甲乘龙，亦均见上文。

（5）夏人的姓和禹的名，其字都与龙有关。刘师培《姒姓释》说“姒”“巳”同文，姒姓即巳姓（《左盦集·五》）。实则“巳”“蛇”古同字，金文“龙”字多从“巳”，已详上文。“禹”字从“虫”（虫），“虫”（虫）与“虫”同。“虫”在卜辞里又与“巳”同字，并即虺蛇等字所从出。再则“巳”向来读如“辰巳”之“巳”，其实现在的“辰巳”之“巳”字，在金甲文里是“巳然”之“巳”字。“巳然”之“巳”与“禹”双声。声近则义近，所以禹、巳都是蛇名。

（6）禹的后裔多属龙族。《史记·夏本纪》曰：“禹为姒姓，其后分封，用国为姓……有褒氏……”《越世家》曰：“越王勾践，其先禹之苗裔，而夏后帝少康之庶子也。封于会稽，以奉守禹之祀。”褒、越都是龙族，已详上文。又《匈奴列传》曰：“匈奴，其先祖夏后氏之苗裔也。”匈奴也是龙族，详下。

（7）禹与伏羲同姓。禹妻涂山氏，《史记·夏本纪》《索隐》引《世本》曰：“涂山氏名女娲。”《淮南子·览冥训》有女娲“积芦灰以止淫水”之语，而《墉城集仙录》述涂山氏助禹治水之事甚详。看来，《世本》的“娲”字未必是传本之误，当初或许真有此一说。上文节引过《拾遗记》里禹遇伏羲的故事，其详情如下：

禹凿龙关之山——亦谓之龙门——至一空岩，深数十里，幽暗不可复行。禹乃负火而进……见一神，蛇身人面。禹因与语。神即示禹八卦之图，列于金版之上。又有八神侍侧。禹曰："华胥生圣子，是汝耶？"答曰："华胥是九河神女，以生余也。"乃探玉简授禹，长一尺二寸，以合十二时之度，使量度天地。禹即持执此简，以平定水土。蛇身之神即羲皇也。

据此，则禹平水土的方略乃是九河神女华胥的儿子——伏羲传授的。《封禅书》以夏为木德，有青龙之瑞（详上），木德、青龙都是伏羲，所以《礼·稽命徵》曰："禹建寅，宗伏羲。"（《开元占经·龙鱼虫蛇占篇》引）禹与伏羲，涂山氏与女娲的结合，或许因为两方都出于龙图腾吧？《史记》分明说褒国是禹后，而《潜夫论》又说是伏羲之后。褒国的"褒"本一作"庖"。（《春秋世族谱》，又《路史·国名纪丁》引《盟会图》一作"苞"。）《路史·后纪一》注引《潜夫论》曰："太昊之国有庖国，姒姓。"《国名纪·甲》注又引曰："夏封伏羲之后。"《潜夫论》所谓庖国即褒国，毫无问题。但伏羲本是风姓，以"夏封伏羲之后"来解释伏羲之后所以为姒姓，实在牵强得很。其实姒与风本是一姓，禹与伏羲原是一家人。姒姓即巳姓，已详上文。"风"（風）字从"虫"，"虫"与"巳"在卜辞里是一字。原来古人说"风姓"或"巳姓"，译成今语，都是"蛇生的"（"生""姓"古今字）。这里有一个重要的观念，非辨清楚不可。古代所谓姓，其功用只在说明一个人的来历，略等于后世的谱系，有必要时才提到它，并不像现在一开口喊人，就非"王先生""李先生"不可。既然不是常在口头上用的一种称谓，便只要意义对就行，字音毫无关系。譬如我说某人是蛇生的，你说他是长虫生的，我们并不冲突，在第三者听来也绝不会发生任何误会。总之，风与巳（姒）是同义字，伏羲与禹是同姓，所以庖国是姒姓，也是风姓，是禹后，也是伏羲之后了。所谓同姓实即同图腾，知道伏羲的图腾是龙，则禹的图腾是什么也就解决了。

◎ 宋 佚名 霖雨图（局部）

2. 共工

相传共工也是人面蛇身，其证如下：

共工人面蛇身朱发。（《大荒西经》注引《归藏·启筮篇》）

共工，天神，人面蛇身。（《淮南子·地形训》高注）

西北荒有人焉，人面朱髴，蛇身人手足，而食五谷，禽兽顽愚，名曰共工。（《神异经》）

此外又有三个旁证：

（1）共工氏之子曰句龙。《左传·昭公二十九年》蔡墨曰："共工氏有子曰句龙，为后土。"

（2）共工氏之臣人面蛇身。《海外北经》曰："共工之臣曰相柳氏……九首人面蛇身而青。"《大荒北经》曰："共工臣名曰相繇，九首蛇身自环。"郭璞说相繇即相柳。《广雅·释地》曰："北方有民焉，九首蛇身，其名曰相繇。"

（3）共工即雄虺。《天问》："康回冯怒，地何以东南倾？"王注曰："康回，共工名也。""康"与"庸"俱从"庚"声，古字通用，故《史记·楚世家》"熊渠……乃立其长子康为句亶王"，《索隐》引《世本》"康"作庸，秦《诅楚文》"今楚王熊相康回无道"，董逌释作"庸回"。《天问》之"康回"即《尧典》之"庸违"。不过《尧典》那一整段文字似乎从未被读懂过。原文如下：

帝曰："咨畴若予采。"

驩兜曰："共工方鸠僝（栫）功。"

帝曰："吁！静言庸违（回），象（潒）恭（洪）滔天。"

帝曰："咨！四岳，汤汤洪水方割（害），荡荡怀山襄陵，浩浩滔天。下民其咨，有能俾乂？"

佥曰："於！鲧哉。"

《周语·下》灵王太子晋说："昔共工氏……壅防百川，堕高堙庳，以害天下……祸乱并兴，共工用灭。其在有虞，有崇伯鲧，播其淫心，称遂共工之过。"《尧典》的话完全可与《周语》相印证。"僝"当读为栫，《说文》曰："以柴木壅水也。""方鸠栫功"即《周语》之"壅防百川"。"象"是"潒"之省，"潒"即"荡"字。"恭"当从"水"作"㳟"，即"洪"之别体。"滔天"即下文之"浩浩滔天"，指洪水。"潒洪滔天"即《淮南子·本经训》所谓"共工振滔洪水，以薄空桑”，《周语》之“害天下”亦指此而言。“庸违”当从《左传·文公十八年》《论衡·恢国篇》《潜夫论·明暗篇》《吴志·陆抗传》作“庸回”。但自《左传》以来，都将“庸回”解为“用邪”，《史记·五帝本纪》也译为“用僻”，实在是大错。（向来解释下句“象恭滔天”的各种说法，也极可笑。）实则“庸回”是“潒洪滔天”的主词，正如“共工”是“方鸠僝功”的主词，庸回与共工是一个人。《天问》《招魂》都有“雄虺九首”之语，郝懿行说就是《山海经》“九首蛇身”的相柳，很对。其实共工之臣与共工还是一样，相柳九首，共工也可以九首。“雄虺”与“庸回”声近，“雄虺九首”就是共工。共工人面蛇身，所以又称雄虺。“庸回”是“雄虺”的声假字，“康回”则是“庸回”的异文。

3. 祝融

据《郑语》，祝融之后八姓；《世本》（《史记·楚世家》《索隐》）及《大戴礼记·帝系篇》，均作六姓；据《郑语》韦昭注，八姓又可归并为五姓。现在对照各说，列表如下：

南宋 马远 乘龙图（局部）

郑语	世本	帝系姓	楚世家	韦注
已（昆，吾，苏，顾，温，董）	樊（是为昆吾）	樊（是为昆吾）	昆吾	已（董为已之别封）
董（鬷夷，豢龙）	—	—	—	—
彭（彭祖，豕韦，诸稽）	籛铿（是为彭祖）	籛（是为彭祖）	彭祖	彭（秃为彭之别封）
秃（舟人）	—	—	—	—
妘（邬，郐，路，偪阳）	求言（是为郐人）	莱言（是为云郐人）	会人	妘
曹（邹，莒）	安（是为曹姓）	安（是为曹姓）	曹姓	曹（斟为曹之别封）
斟（无后）	惠连（是为参胡——宋忠注云斟姓）	惠连（是为参胡）	参胡	—
芈（夔，越，蛮，芈，荆）	季连（是为芈姓）	季连（是为芈姓）	季连	芈

巳姓是龙族（详上），所以巳的别封董姓中有豢龙氏。芈姓的越也是龙族（亦详上），而夔也有说是龙类的。《说文》曰：“夔，神魖也，如龙一足。从夊。象有角、手、人面之形。”《文选·东京赋》薛综注曰：“夔，木石之怪。如龙有角，鳞甲光如日月。见则其邑大旱。”小篆“夔”亦从“巳”，与金文“龙”从“巳”同意，所以《尚书》夔、龙通称。芈姓又有蛮芈，而荆本在荆蛮。其实古代南方诸侯都称蛮，所以夔越也还是蛮。芈姓四支都是蛮，“芈”也许就是“蛮”之声转。“蛮”字从“虫”，《说文》曰“南蛮蛇种”，龙为芈姓是龙族的确证。巳、芈二姓都是龙族，而都出于祝融，则祝融可能也是龙子。“融”字从“虫”，本义当是一种蛇的名字。《东山经》曰：

独山末涂之水出焉，而东南流注于沔。其中多偹蟰，其状如黄蛇，鱼翼，出入有光。见则其邑大旱。

“偹蟰”郭注曰：“条容二音。”金文《邾公釛钟》“陆𩈐之孙邾公釛”，王国维说“陆𩈐”即“陆终”（《观堂集林·一八》，《邾公钟跋》），郭沫若说亦即“祝融”（《金文丛考·金文所无考》）。两说都对。其实“章”“享”古同字，“𩈐”亦可释“蜳”。《庄子·外物篇》“螴蜳不得成”，司马彪注曰：“‘螴蜳’读曰‘忡融’。”𩈐读曰融，是陆𩈐即祝融的佳证。但是“𩈐”所从的“章”又是古文“墉”字，所以“𩈐”又可释为“墉”，而“祝”“偹”声亦近，“陆𩈐”“祝融”实在都是《山海经》的“偹墉”。《郑语》史伯曰：“夫黎为高辛氏火正，以淳（焞）耀敦大天明地德，光照四海，故命之曰‘祝融’。”又曰：“祝融亦能昭显天地之光明。”“光照四海”与“出入有光”合，火正与“见则其邑大旱”合，祝融即偹蟰，是没有问题的。祝融即偹蟰，偹蟰“见则其邑大旱”，夔是祝融之后，所以也是“见则其邑大旱”。祝融是一条火龙，所以又与火山黏合成火山的神。

西北海之外，赤水之北，有章尾山。有神，人面蛇身而赤。直目正乘，其瞑乃晦，其视乃明。不食，不寝，不息。风雨是谒。是烛九阴，是谓烛龙。（《大荒北经》）

钟山之神，名曰烛阴。视为昼，瞑为夜，吹为冬，呼为夏。不饮，不食，不息，息为风。身长千里。……其为物，人面蛇身，赤色，居钟山下。（《海外北经》）

烛龙在雁门北，蔽于委羽之山，不见日。其

神人面龙身而无足。（《淮南子·地形训》）

烛龙即融，杨宽已讲过（《中国上古史导论》——《古史辨》第七册上编），那是对的，但说是日神，却不然。《淮南子》分明说“不见日”。“钟”“章”一声之转。（《汉书·广川惠王越传》“尊章”注曰：“今关中妇呼舅为钟，钟者章声之转也。”）“尾”当读为“毁”，《说文》：“毁，火也。”《洞冥记》曰：“东方朔北游钟火山，日月不照，有青龙衔烛，照山四极。”章尾山即钟火山，钟山又是钟火山之省。上揭各书所描写的情形，显然都是由火山的性能附会出来的。但说钟山之神烛龙即祝融，确乎可信。《周语上》内史过曰：“昔夏之兴也，融降于崇山。”融即祝融，崇山即钟山，韦昭说是阳城附近的崇（嵩）高山，恐怕不对。《西次三经》又说：

钟山（之神）其子曰鼓，其状如人面而龙身。是与钦䲹杀葆江于昆仑之阳。帝乃戮之钟山之东曰瑶崖。钦䲹化为大鹗。其状如雕而黑文白首，赤喙而虎爪，其音如晨鹄。见则有大兵。鼓亦化为鵕鸟，其状如鸱，赤足而直喙，黄文而白首，其音如鹄。见即其色大旱。

钟山本在北方，祝融是颛顼的孙子，颛顼是北方之神，所以祝融本当在北方。钟山之神烛龙的儿子一鼓化为鵕鸟，大概即祝融的后裔迁到南方，征服了南方的淮夷而占其地的故事。淮夷是鸟图腾的团族，帝俊之后，所以说“化为鵕鸟”。帝俊即帝喾。《郑语》曰：“黎为高辛氏火正。”《楚世家》曰：“重黎为帝喾高辛氏居火正，甚有功，能光融天下，帝喾命曰祝融。”大概是同一故事的另一种传说。鼓“见则其邑大旱”与鯈鳙的传说相同。鯈鳙即祝融，鼓是祝融之子，所以传说相同。楚的始祖祝融是赤龙，汉高祖是楚人，所以也是赤龙或赤蛇之精。祝融之子是龙化为鸟，又和《春秋握诚图》所记“刘媪梦赤鸟如龙戏己，生执嘉”（《史记·高祖本纪》正义引）的传说相合。

◎明 石锐 轩辕问道图

4. 黄帝

黄帝是龙的问题很简单。

轩辕之国……人面蛇身，尾交首上。（《海外西经》）

轩辕黄龙体。（《史记·天官书》）

中央土也，其帝黄帝，其佐后土……其兽黄龙。（《淮南子·天文训》）

黄帝得土德，黄龙地螾见。（《史记·封禅书》）

黄帝将亡，则黄龙坠。（《开元占经·龙鱼虫蛇占篇》引《春秋握诚图》）

现在只举黄帝后十二姓中的僖、巳二姓为例，来证明黄帝的别姓也是龙族。（1）《晋语四》司空季子曰：“凡黄帝之子二十五宗，其得姓者十四人，为十二姓：姬，酉，祁，巳，滕，箴，任，荀，僖，姞，嬛，依是也。”旧音曰：“僖或为釐。”《潜夫论·志氏姓篇》亦作釐。《鲁语下》仲尼曰：“（防风）汪芒氏之君也，守封嵎之山者也，为漆姓。在虞、夏、商为汪芒氏，于周为长狄，今为大人。”《史记·孔子世家》“漆”作“釐”（《说苑·辨物篇》同），《索隐》曰：“釐音僖。”王引之说“漆”为“来”之误，“来”与“釐”通（《经义述闻·二〇》），甚确。据孔子说，防风氏春秋时为“大人”；《大荒北经》曰“有大人之国，釐姓”，这是王说很好的证据。王氏又据《晋语》黄帝之后有僖姓，即釐姓，来证明防风氏是黄帝之后，这说也确。《博物志·二》曰：“大人国，其人……能乘云而不能走，盖龙类。”《大荒东经》注引《河图玉版》曰：“从昆仑山以北九万里，得龙伯国，人长三十丈。”《初学记·一九》引《河图龙鱼》作“长三丈”，《列子·汤问篇》曰：“龙伯之国有大人，举足不盈数步而暨五山之所，一钓而连六鳌。”龙伯国即大人国，大人国是“龙类”，所以又名龙伯国。黄帝是龙，大人国是黄帝之后，所以也是龙类。（2）黄帝十二姓中也有巳姓，巳是龙（见上）。黄帝之后的巳姓与祝融之后的巳姓，从图腾的立场看来，还是一姓，因为黄帝、祝融都是龙。

5. 匈奴

匈奴的龙图腾的遗迹，可以用下列各点来证明：

每年祭龙三次，名曰“龙祠”。《后汉书·南匈奴传》：“匈奴岁有三龙祠。常以正月、五月、九月戊日祭天神。”

举行龙祠时，首领们会议国家大事，名曰“龙会”。《南匈奴传》又曰：“单于每龙会议事（左贤王），师子辄称病不往。”

祭龙的地方名曰“龙城”，或“龙庭”。《史记·匈奴传》“五月大会龙城，祭其先、天地、鬼神”（龙城《汉书》作“龙庭”），《索隐》引崔浩曰：“西方胡皆事龙神，故名大会处为龙城。”《文选》班固《封燕然山铭》“蹑冒顿之区落，焚老上之龙庭”，注曰：“龙庭，单于祭天所也。”

习俗有“龙忌”。《淮南子·要略训》“操合开塞，各有龙忌”，许注曰：“中国以鬼神之事曰忌，北胡南越皆谓‘请龙’。”《后汉书·周举传》：“太原旧俗，以介子推焚骸，有龙忌之禁。至其亡月，咸言神灵不乐举火，由是士民每冬中辄一月寒食，莫敢烟爨。”晋染胡俗是深，故也有龙忌。《墨子·贵义篇》：“子墨子北之齐，遇日者。日者曰：‘帝以今日杀黑龙于北方，而先生之色黑，不可以北。’子墨子不听，遂北至淄水，不遂而反焉。日者曰：‘我谓先生不可以北。’子墨子曰：‘南之人不得北，北之人不得南，其色有黑者，有白者，何故皆不遂也？且帝以甲乙杀青龙于东方，以丙丁杀赤龙于南方，以庚辛杀白龙于西方，以壬癸杀黑龙于北方，若用子之言，则是禁天下之行者也。’”这大概也是龙忌。刘盼遂说墨翟是北狄种，这里所讲的是匈奴风俗（《燕京新闻》民国二十七年十一月十八日）。

自然为龙类。《晏子春秋·谏下篇》曰：“维翟（狄）人与龙蛇比。”《吕氏春秋·介立篇》：“晋文公反国，介子推不肯受赏，自为赋诗曰：‘有龙于飞，周遍天下，五蛇从之，为之丞辅。龙反其乡，得其处所，四蛇从之，得其露雨。一蛇羞之，槁死于中野。’悬书公门而伏于山下。”称君为龙，臣为蛇，也是胡俗，即所谓“维翟人与龙蛇比”（互参上条）。

人面龙身。《开元占经·客星占六篇》引郗萌曰：“客星舍匈奴星，人面龙身留十余日不去，胡人内相贼，国家兵起，边人来降。”

由上观之，古代几个主要的华夏和夷狄民族，差不多都是龙图腾的团族，龙在我们历史与文化中的意义，真是太重大了。关于龙，可说的话还多得很，因为限于篇幅，我们只能将《山海经》里所见的人面蛇身或龙身的神（包括上文已讨论的和未讨论的），列一总表于下，以结束本文。请注意表中各神的方位分布。

<table>
<tr><td>中</td><td colspan="2">《中山经》（次十）</td><td>首山至丙山诸神</td><td>皆龙身人面</td></tr>
<tr><td rowspan="2">南</td><td colspan="2">《南山经》（次三）</td><td>天吴之山至南禺
之山诸神</td><td>皆龙身而人面</td></tr>
<tr><td colspan="2">《海内经》（南方）</td><td>延维</td><td>人首蛇身</td></tr>
<tr><td rowspan="2">西</td><td colspan="2">《西山经》（次三）</td><td>鼓</td><td>人面龙身</td></tr>
<tr><td colspan="2">《海外西经》</td><td>轩辕</td><td>人面蛇身，尾交首上</td></tr>
<tr><td rowspan="4">北</td><td rowspan="2">《北山经》</td><td>（首）</td><td>单狐之山至堤山
诸神</td><td>皆人而蛇身</td></tr>
<tr><td>（次二）</td><td>管涔之山至敦题
之山诸神</td><td>皆蛇身人面</td></tr>
<tr><td colspan="2" rowspan="2">《海外北经》又
《大荒北经》</td><td>烛龙（烛阴）</td><td>人面蛇身，赤色</td></tr>
<tr><td>相柳（相繇）</td><td>九首，人面蛇身，
自环色青</td></tr>
<tr><td rowspan="2">东</td><td colspan="2">《海内北经》</td><td>贰负</td><td>人面蛇身</td></tr>
<tr><td colspan="2">《海内东经》</td><td>雷神</td><td>龙身而人头</td></tr>
</table>

民国三十一年，十一月，十五日，昆明

◎南宋 陈居中 文姬归汉图

三 战争与洪水

我们分析多数的洪水遗民故事，发现其中心母题总不外乎：（一）兄妹之父与雷公斗争；（二）雷公发洪水；（三）全人类中唯兄妹二人得救；（四）二人结为夫妇；（五）遗传人类。这些又可归纳为两个主要元素。洪水不过是一种战略，或战祸的顶点，所以（一）（二）可归并为A战争。兄妹配婚与遗传人类是祖宗崇拜的推源故事，所以（四）（五）可归并为B宗教。（三）兄妹从洪水中得救，是A与B间的连锁。这两个元素恰恰与那说明古代社会的名言“国之大事，在祀与戎”的原则相合。关于B项，即祖宗崇拜的宗教，上节已讲得很多了。在本节我们要专门讨论属于A项的战争故事了。

我们若要在汉籍中寻找这故事的痕迹，洪水是个好线索。《淮南子·览冥训》曰：

……然犹未及虙羲氏之道也。往古之时，四极废，九州裂，天不兼覆，地不周载，火爁焱而不灭，水浩洋而不息。猛兽食颛民，鸷鸟攫老弱。于是女娲炼五色石以补苍天，断鳌足以立四极，杀黑龙以济冀州，积芦灰以止淫水。苍天补，四极正，淫水涸，冀州平，狡虫死，颛民生。

这故事与共工有关。可以由下列几点证明：（一）黑龙即共工，详上文论句龙；（二）“四极废，九州裂，天不兼覆，地不周载”，即所谓“天倾西北，地倾东南”，其事据《楚辞》《淮南子》，乃是共工触山的结果。《楚辞·天问》曰：“康回冯怒，地何以东南倾？”王注曰：“康回，共工名也。”《淮南子·原道训》曰：“昔共工之力触不周之山，使地东南倾。”《天文训》曰：“昔者共工与颛顼争为帝，怒而触不周之山。天柱折，地维绝，天倾西北，故日月星辰移焉；地倾西南，故水潦尘埃归焉。”（三）所谓“淫水”即洪水，相传为共工所致。《尚书·尧典》曰：“静言庸违，象（潒）恭（洪）滔天。”“庸违”《论衡·恢国篇》《潜夫论·明暗篇》作“庸回”，即《天问》之康回，亦即共工。“象（潒，同荡）洪滔天”即《淮南子·木经训》所谓“共工振滔洪水”。又《周语下》曰“昔共工氏……壅防百川，堕高堙庳，以害天下”，《荀子·成相篇》曰“禹有功，抑下鸿（洪），辟除民害逐共工”，《史记·律书》曰“颛顼有共工之阵以平水土”，都暗示洪水与共工有关。《补史记·三皇本纪》直说女娲收拾的残局是共工造成的。

当其（女娲）末年也，诸侯有共工氏，任智刑以强霸而不王，以水乘木，乃与祝融战。不胜而怒，乃头触不周山崩，天柱折，地维缺。女娲乃炼五色石以补天，断鳌足以立四极，聚芦灰以止滔水，以济冀州。于是地平天成，不改旧物。

《路史·后纪二》并说共工是女娲灭的。

太昊氏衰，共工惟始作乱，振滔洪水，以祸天下。隳天纲，绝地纪，覆中冀，人不堪命。于是女皇氏（女娲）役其神力，以与共工氏较，灭共工氏而迁之。然后四极正，冀州宁，地平天成，万民复生。

司马贞将《淮南子·原道训》与《天文训》的共工争帝触山和《览冥训》的女娲补天治水糅在一起说，罗泌又将《本经训》的共工振滔洪水和《览冥训》的女娲故事打成一片，确乎都是很有道理的。

在汉籍中发动洪水者是共工，在苗族传说中是雷公，莫非雷公就是共工吗？我们是否能找到一些旁证来支持这个假设呢？较早的载籍中讲到雷公形状的都说是龙身人头。

《海内东经》："雷泽中有雷神，龙身而人头，鼓其腹则雷。"

《淮南子·地形训》："雷泽有神，龙身人头，鼓其腹而熙。"

共工亦人面蛇身。

《淮南子·地形训》高注："共工，天神，人面蛇身。"

《大荒西经》注引《归藏·启筮篇》："共工人面蛇身朱发。"

《神异经》："西北荒有人需，人面朱髯，蛇身人手足，而食五谷，禽兽顽愚，名曰共工。"

而其子名曰句龙（见前），其臣亦人面蛇身。

《海外北经》："共工之臣曰相柳氏……九首，人面蛇身而青。"

《大荒北经》："共工臣名曰相繇，九首蛇身自环。"

然则共工的形状实与雷神相似，这可算共工即雷神的一个有力的旁证。古字回与雷通，吴雷

（《楚公逆镈》）一作吴回（《大戴礼记·帝系篇》《史记·楚世家》《大荒西经》），方雷（《晋语四》）一作方回（《淮南子·俶真训》《后汉书·周盘传》注引《列仙传》，四八目），雷水（《穆天子传》《水经注·河水注》）一作回水（《天问》《汉书·武帝纪·瓠子歌》），是其例。共工，《论衡》《潜夫论》引《尚书》作庸回，《天问》作康回，疑庸回、康回即庸雷、康雷。此说如其可靠，则共工即雷神，完全证实了。

共工在历史上的声誉，可算坏极了。他的罪名，除了招致洪水以害天下之外，还有“作乱”和“自贤”两项。前者见《吕氏春秋·荡兵篇》和《史记·楚世家》，后者见《周书·史记篇》。在《左传》中则被称“四凶”之一。

少皞氏有不才子，毁信废忠，崇饰恶言，靖谮庸回，服谗搜慝，以诬盛德。天下之民谓之穷奇。

注家都说穷奇即共工，大概是没有问题的。因此许多有盛德的帝王都曾有过诛讨共工的功。帝喾诛灭共工，见《淮南子·原道训》和《史记·楚世家》。颛顼战败共工之卿浮游，见《汲冢琐语》。唐氏（帝尧）伐共工，见《周书·史记篇》。帝舜流共工于幽州，见《尚书·尧典》。

禹的功劳尤其多，攻共工，见《大荒西经》；伐共工，见《荀子·议兵篇》及《秦策》；逐共工，见《荀子·成相篇》；杀共工之臣相柳或相繇，见《海外北经》及《大荒北经》。此外不要忘记上文已表述过的女娲杀黑龙，实即杀共工。苗族传说没有把共工罗织成一个千古罪人。他们的态度较老实、较幼稚，只说兄弟二人因争财产不睦，哥哥一气，便发起洪水来淹没弟弟所管领的大地。他们也不讳言自己的祖先吃了败仗，以致受伤身死。因此便说母亲病重，告诉儿子：“若得天上雷公的心来吞服，便可痊愈。”总之，汉、苗两派的故事，作风虽不同，态度虽有理智与感性之别，但内中都埋藏着一个深沉的、辽远的仇恨，却没有分别。

这次战争之剧烈，看《淮南子》中《览冥训》《天文训》两篇所述，便可想见。四极废，九州裂，天倾西北，地倾东南，其破坏性之大以至于此。神话期历史上第一有名的涿鹿之战，也许因时期较近，在人们记忆中较为鲜明，若论其规模之大，为祸之惨烈，似乎还比不上这一次。但洪水部分，我以为必系另一事，它之加入这个战争故事，是由于传说的黏合作用。远在那渺茫的神话时期，想来不会有如后来智伯、梁武所用的水战的战术。洪水本身是怎么回事，是另一问题。它的惨痛的经验，在人类记忆中留下很深的痕迹，那是显而易见的。它的被羼入这战争故事，正表示那场战争之激烈；天灾与人祸，正因惨烈性的程度相当，而在人类记忆中发生黏合作用。为明了战争在这个故事中的重要性高于洪水，我们还可以引另一故事作一比较。奉祀槃瓠的傜畲，虽与奉祀伏羲的苗不同族，但是同系的两个支族，那是不成问题的。而且“槃瓠”“伏羲”一声之转，明系出于同源，而两故事中相通之处也很多。这些问题下文还要详细讨论。现在我们要提出的是槃瓠故事中完全没有洪水，而战争却是故事的一个很重要的成分。这也反映出在伏羲故事中，洪水本不是包含在战争中的一部分，而是另外一件独立的事实，和战争偶然碰头了，因而便结了不解之缘。换言之，战争的发生或许在苗和傜畲未分居的时代，所以在两支传说中都保存着这件事的记忆。洪水则是继分居后苗族独有的经验，所以它只见于苗族传说，而不见于傜畲传说。

古代民族大都住在水边，所谓洪水似乎即指河水的泛滥。人们对付这洪水的手段，大致可分三种：（一）最早的办法是“择丘陵而处”，其态度是消极的、逃避的。消极中稍带积极性的是离水太远的高处不便居住，近水的丘陵不够高时，就从较远的高处挖点儿土来把不够高的填得更高点儿，这便是所谓“堕高堙庳”；次之（二）是壅防，即筑初步的或正式的堤；后（三）是疏导，堙塞从古以来就有了，疏导的发明最晚，都用不着讨论。壅防的起源却不太早。《穀梁传·僖公九年》载齐桓公葵丘之盟(前651)曰“毋壅泉”，似乎是最早的记载。一百年后，周“灵王二十二年（前550），谷洛斗，将毁王宫，王欲壅之”（《周语下》）。太子晋大大发挥一通壅防的害处。大概春秋中叶以后，壅防之事已经盛行了。以农业发展与土地开辟的情形推之，“壅泉”之盛于此时，倒是合理的。再早便不大可能了。若说神话初产生时，人们便已知道“壅泉”之法，因而便说共工曾实行此法，那却很难想象了。

古籍说到共工与洪水的，有下列各书：

《尚书·尧典》：“共工方鸠僝（㤰）功……象（潒）恭（洪）滔天。”

《周语下》："昔共工氏……欲壅防百川，堕高堙庳，以害天下。"

《淮南子·本经训》："共工振滔洪水，以薄空桑。"

《尧典》"滔洪滔天"即《淮南子》"振滔洪水"，已详上文。但这是说发动洪水，而没有说到如何发动的方法。"堕高堙庳"假定是共工时代可能的现象，大致没有什么问题。《尧典》"方鸠僝功"之僝应读为栫，《说文》训为"以柴木壅"，此即《周语》所谓"壅防百川"。如果上文我们判断的不错，壅泉之法，至春秋时代才开始盛行，那么传说中共工壅防百川的部分，可能也是春秋时产生的。本来《周语》"共工氏……欲壅防百川"的话就是太子晋口中的，而说到"共工方鸠僝功"的《尧典》，有人说是战国作品，虽未必对，但恐怕最早也不会在春秋之前。总之，我们相信洪水传说尽可能很早，共工发动洪水，尤其以壅防百川的方法来发动洪水，却不必早。既然共工发动洪水的传说不能太早，那么在颛顼、共工的战争故事中，洪水部分是后加的，也就不言而喻了。

四 汉苗的民族关系

上文我们已经证明了伏羲、女娲确是苗族的祖先，我们又疑心那称为伏羲氏的氏族或是西周褒国后裔之南迁者。褒是姒姓国，夏禹之后，然则伏羲氏的族属与夏后氏相近了。伏羲与龙的关系是无可疑的事实。夏与龙的关系，以下面各事证之，似乎也不成问题：

《海内经》注引《归藏·启筮篇》曰："鲧殛死三岁不腐，剖之以吴刀，化为黄龙。"《初学记·二二》，《路史·后纪一二》注引"化为黄龙"并作"是用出禹"。

《天问》："应龙何画？河海何历？"王注曰："禹治洪水时，有神龙以尾画地，导水所注当决者，因而治之也。"其实助禹治水的龙本即禹自己，后期传说始分为二。

古禹字作，从（虫）从（手）执之。虫古虺字，与龙同类。

夏王多乘龙的故事。A.《太平御览·九六》引《括地图》"夏后德盛，二龙降之，禹使范氏御之以行"。（《博物志·八》，敦煌旧抄《瑞应图》引《神灵记》略同。）B.《海外西经》"夏后启于此儛九代，乘两龙"，《大荒西经》"有人珥两青蛇，乘两龙，名曰夏后开"，注引《归藏·郑母经》“夏后启筮御飞龙登于天，吉”。C.《左传·昭公二十九年》“帝赐之（孔甲）乘龙，河汉各二”。

《史记 ·封禅书》“夏得木德，青龙止于郊”。伏羲氏与夏后氏既然皆与龙有这样密切的关系，我疑心二者最初同属于一个龙图腾的团族。在后图腾社会变为氏族社会，这团族才分为若干氏族，伏羲氏与夏后氏便是其中之二。既为两个分离的氏族，所以各自有姓，伏羲氏姓风，夏后氏姓姒。褒亦姒姓国，本是龙图腾的支裔，所以也有先君二龙的传说。

汉族所传的共工，相当于苗族所传的雷神，也是上文证明过的。共工既相当于雷神，则共工的对手可能也相当于雷神的对手了。雷神的对手是伏羲。共工的对手，据汉籍所传，有以下各种说法：

（一）帝喾高辛氏

《淮南子·原道训》：“昔共工……与高辛争为帝。”

《史记·楚世家》：“共工氏作乱，帝喾使重黎诛之而不尽。”

（二）颛顼

《淮南子·天文训》：“昔者共工与颛顼争为帝。”

同上《兵略训》：“颛顼尝与共工争矣。”

《史记·律书》：“颛顼有共工之阵以平水土。”

《琐语》：“昔者共工之卿浮游败于颛顼。”

（三）帝尧陶唐氏

《韩非子·外储说左上篇》：“尧……又举兵而诛共工于幽州之都。”

《周书·史记篇》：“昔有共工自贤……唐氏伐之，共工以亡。”

《大戴礼记·五帝德篇》：“帝尧……流共工于幽州，以变北狄。”

（四）帝舜

《尚书·尧典》：“舜……流共工于幽州。”

《淮南子·本经训》：“舜之时，共工振滔洪水，以薄空桑。”

（五）禹

《荀子·议兵篇》："禹伐共工。"（《秦策》同）

《荀子·成相篇》："禹有功，抑下鸿，辟除民害逐共工。"

《大荒西经》："西北海之外……有禹攻共工之山。"

《海外北经》："共工之臣曰相柳氏……禹杀相柳。"（《大荒北经》作相繇）

除帝喾外，其余各说都可以有法沟通。舜流共工，据《尧典》，本在舜受禅后尧未死前，故共工也可说是尧流的。若依《韩非子》，尧禅位于舜，共工以为不平，尧遂流之，则流共工正在唐、虞禅让之际，其负责的人更是两说皆可了。《周书》的看法与韩非同，大概是比较近确的。流共工的事既然可以这样看，则关于"四凶"中其余"三凶"，可以类推。讲到"四凶"，有一个极有趣的现象，那便是不但如世人所习知的尧（或舜）诛"四凶"，颛顼与禹似乎也有同样的事迹。试分别证之如下：

（一）三苗

《墨子·非攻下篇》曰：

昔者三苗大乱，天命殛之。……高阳乃命禹于玄宫……以征有苗。

然则诛三苗是颛顼的命令，而禹执行之。此外诸书单说禹伐有苗很多，不具举。总之，对诛三苗这事，颛顼和禹都有份。

（二）鲧

经注引《纪年》曰：

颛顼产伯鲧，是维若阳。

《世本》及《大戴礼记·帝系篇》亦皆曰："颛顼产鲧。"《墨子·尚贤中篇》曰：

昔者伯鲧，帝之元子，废帝之德庸，既乃刑之。

五 伏羲与葫芦

（一）洪水造人故事中的葫芦

在中国西南部（包括湘西、贵州、广西、云南、西康）诸少数民族中，乃至在域外，东及中国台湾，西及越南与印度中部，都流传着一种兄妹配偶型的洪水遗民再造人类的故事（以下简称洪水造人故事），其母题最典型的形式是：

一个家长（父或兄），家中有一对童男女（家长的子女或弟妹）。被家长拘禁的仇家（往往是家长的弟兄），因童男女的搭救而逃脱后，发动洪水来向家长报仇，但对童男女，则已预先教以特殊手段，使之免于灾难。洪水退后，人类灭绝，只剩童男女二人，他们便以兄妹（或姊弟）结为夫妇，再造人类。

这是原始智慧的宝藏，原始生活经验的结晶，举凡与民族全体休戚相关，而足以加强他们团结意识的记忆，如人种来源、天灾经验与民族仇恨，等等，都被象征式地糅合在这里。它的内容是复杂的，包含着多样性而错综的主题，因为它的长成通过了漫长时间的累积。主题中最重要的，无疑是人种来源，次之或许是天灾经验，再次是民族仇恨，等等。本文便专以人种来源这个主题为研究对象，所有将被讨论的诸问题都以这一点为中心。

普遍都称这些故事为“洪水故事”，实有斟酌余地。我们在上文已经提到故事的社会功能和教育意义，是在加强民族团结意识，所以在故事中那意在证实血族纽带的人种来源——即造人传说，实是故事最基本的主题，洪水只是造人事件的特殊环境，所以应居从属地位。依照这观点，最妥当的名称该是“造人故事”。如果再详细点，称之为“洪水造人故事”，那“洪水”二字也是带有几分限制词的意味的。我疑心普遍只注意故事中的洪水部分而忽略了造人部分，是被洪水事件本身的戏剧性所迷惑的。其实这纯是我们文明社会的观点，我们知道，原始人类从不为讲故事而

◎ 明 陈贤 铁拐李图（局部）

讲故事，他们任何行为都具有一种实用的目的。

正如造人是整个故事的核心，葫芦又是造人故事的核心。但在讨论故事中作为造人素材的葫芦之前，我们得先谈谈作为避水工具的葫芦。

分析四十九个故事的内容（参看表一），我们发现故事情节与葫芦发生关系的有两处，一是避水工具，一是造人素材。本来在原始传说中，说法愈合理，照例是离原始形态愈远，因此在避水工具中（参看表二），葫芦和与它同类的瓜，我们疑心应该是较早期的说法；其余如鼓桶臼箱瓮床和舟，说得愈合理，反而愈是后来陆续修正的结果。这一点交代以后，我们再来研究造人素材（参看表三）。在第一组（物中藏人，由物变人）的六种不同形式中：

1. 男女从葫芦中出；
2. 男女坐瓜花中，结实后，二人包在瓜中；
3. 造就人种，放在鼓内；
4. 瓜子变男，瓜瓤变女；
5. 切瓜成片，瓜片变人；
6. 播种瓜子，瓜子变人。

五种属于葫芦和与之同类的瓜，一种是鼓，看来鼓中容人，似比葫芦和瓜更合理，实则它的合理性足以证明它的讹误性，说不定鼓中藏人种，正是受了那本身也是讹变的“鼓中避水说”的感染而变生的讹变。因此，我们主张在讨论问题时，这一条“造就人种，放在鼓内”可以除外，要不就权将“鼓”字当作“瓜”字之讹也行。这一点辩明以后，我们可以进而讨论全部造人素材的问题，便是造人素材与葫芦的关系问题。

和避水工具一样，关于造人素材的说法，也可分为较怪诞与较平实的两组，前者我们称为第一组，后者称为第二组。第一组的六种形式上文已经列举过，现在再将第二组分作两类列举于下：

第一类像物形：1. 像瓜；2. 像鸡卵；3. 磨石仔。

第二类不成人形：1. 肉球、肉团（坨）、肉块；2. 无手足（腿臂）、无头尾、无耳目口鼻（面目）；3. 怪胎；4. 血盆。

第一类的第三项与第二类的第二项，没有严格的界限。有时说到“磨石仔”，又说到“无手足”之类，在这种场合，我们便将它归入“无手足……”项下。依上述愈合理、愈失真的原则，我们疑心这第二组内离葫芦愈远，离人形愈近的各种形式，也是后起的合理化的观念形态。而最早的传说只是人种从葫芦中来，或由葫芦变成。八寨黑苗、短裙黑苗，说童男女自身是从石蛋出来的；生苗或说蛋，或说白蛋，或说飞蛾蛋，暗示最初的传说都认为人类是从自然物变来，而不是人生的。而且蛋与葫芦形状相近，或许蛋生还是葫芦生的变相说法。至于避水工具中的葫芦，也还是抄袭造人素材的葫芦的。可能造人和洪水根本是两个故事，《生苗起源歌》只讲造人，不提洪水，似乎还保存着传说的原始形态（生苗是一个在演化进程中最落后的民族）。我们疑心造人故事应产生在前，洪水部分是后来黏合上去的，洪水故事中本无葫芦，葫芦是造人故事的有机部分，是在造人故事兼并洪水故事的过程中，葫芦才以它的渡船作用，巧妙地做了链接两个故事的纽带。总之，没有造人素材的葫芦，便没有避水工具的葫芦，造人的主题是比洪水来得重要，而葫芦则正做了造人故事的核心。

（二）伏羲、女娲与匏瓠的语音关系

以上所论都是纯理论的假设，最后判断当然有待于更多更精密的民俗调查材料。这样的材料，可惜我们目前几乎一点儿也没有。然而说除了民俗调查材料，目前我们在这题目上，便没有一句话可说，那又不然。

总观以上各例，使我们想到伏羲、女娲莫不就是葫芦的化身。或仿民间故事的术语说，一对葫芦精。于是我注意到伏羲、女娲两名字的意义。我试探的结果，“伏羲”“女娲”果然就是葫芦。

“伏”字《易·系辞传下》作“包”，“包”“匏”音近古通，《易·姤九五》“以杞包瓜”，《释文》引《子夏传》及《正义》“包”并作“匏”。《泰·九二》：“包荒，用冯河，不遐遗。”“包”亦当读为“匏”，可证。匏瓠，《说文》互训，古书抑或通用，今语谓之葫芦。“羲”一作“戏”，《广雅·释器》：“瓠，蠡，莶，䶨，瓢也。”《一切经音义·十八》引作“戯”，音“羲”。王念孙云：“䶨”与“戯”同，即㰒字。（《庄子·人间世篇》《大宗师篇》《田子方篇》《管子·轻重·戊篇》《荀子·成相篇》《赵策四》）。或作“虧”（《月令·释文》）其本字当即𤬛，《集韵》：𤬛虚宜切，音牺，训“瓠，瓢也”。译为今语则为葫芦瓢。又有“㰜”“檥”“桸”三字，当即“𤬛”之别体。

《方言·二》：“𧓍、陈、楚、宋、魏之间或谓之箪，或谓之㰜，或谓之瓢。”郭注曰：“瓠，勺也，今江东通呼为㰜。㰜音义。”

《玉篇·木部》：“㰜，杓也。”《一切经音义·十八》：“南曰瓢㰜，蜀人言蠡㰜。”

《集韵·五支》：“㰜，蠡（𧓍）也，或作檥。”

陆羽《茶经》引《神异记》：“晋永嘉中，余姚人虞洪，入瀑布山采茗，遇一道士。云，吾丹丘子，祁子他日瓯檥之余，乞相遗也。”（案《茶经》曰：“檥，木杓也。”又曰：“瓢一曰牺杓，剖瓠为之，或刊木为之。”）

《说文·木部》：“桸，杓也。”（案《类篇》“桸”通作“㰜”）

伏羲字亦有“羲”“戏”“希”三形。羲、戏习见，希则见《路史·后纪二》注引《风俗通义》。（女娲一作“女希”，见《初学记·九》引《帝王世纪》及《史记·补三皇本纪》。）我以为“包”与“戏”都是较古的写法。“包戏”若读为“匏𤬛”（㰜、檥、桸），即今所谓葫芦瓢。但“戏”古读如“乎”，与“匏”音同。若读“包戏”为“匏瓠”，其义即为葫芦。既剖的葫芦谓之“瓢”，未剖的谓之“葫芦”，古人于二者恐不甚分，看“瓠”（葫芦）“𤬛”（瓢）上古音全同便知。女娲之“娲”，《大荒西经》注，《汉书古今人表》注，《列子·黄帝篇》释文，《广韵》，《集韵》皆音“瓜”。《路史·后记二》注引《唐文集》称女娲为“㚅娲”，以音求之，实即匏瓜。“包戏”与“㚅娲”，“匏瓠”与“匏瓜”皆一语之转。（“包戏”转为“伏希”，“女娲”转为“女希”，亦可见“戏”“娲”二音有可转之道。）然则伏羲与女娲，名虽有二，义实只一。二人本皆谓葫芦的化身，所不同者，仅性别而已。称其阴性的曰“女娲”，犹言“女匏𤬛”“女伏羲”也。

苗族传说以南瓜为伏羲、女娲的第二代。

汉族以葫芦（瓜）为伏羲、女娲本身，这类亲与子易位，是神话传说中常见的现象，并不足妨碍苗族的伏羲与伏羲妹，即汉族的伏羲、女娲。至于为什么以始祖为葫芦的化身，我想是因为瓜类多子，是子孙繁殖的最妙象征，故取以相比拟。《开元占经·六五》，《石氏中官占篇》引《黄帝占》曰：“匏瓜星主后宫。”又曰：“瓠瓜星明，则……后宫多子孙；星不明，后失势。”同上引《星官制》曰：“匏瓜，天瓜也。性内文明而有子，美尽在内。”《大雅·绵篇》以“绵绵瓜瓞”为“民之初生……”的起兴，用意与此正同。

根据上面的结论，有些零星问题，可以附带地得到解决。

1. 女娲作笙

古代的笙是葫芦做的。《白虎通·礼乐篇》：“瓠曰笙。”苗人亦以葫芦为笙，见刘恂《岭表录异》，朱辅《溪蛮丛笑》。女娲本是葫芦的化身，故相传女娲作笙。《礼记·明堂位》“女娲之笙簧”，注引《世本》曰“女娲作笙簧”。

2. 伏羲以木德王

葫芦是草木之类，伏羲是葫芦的化身，故曰伏羲木德。曹植《庖牺画赞》“木德风姓”，宋均《春秋内事》“伏羲氏以木德王”。《太平御览·七八》引《帝王世纪》：“太昊庖牺氏……首德于木，为百王先。”

据上文伏羲与槃瓠诚属二系，然细加分析，两者仍出同源。“槃瓠”名字中有“瓠字”，而《魏略》等述茧未化生时复有“妇人盛瓠中，覆之以槃”之语，可见瓠亦为此故事母题之一部分。实则“槃”即剖匏为之，“槃瓠”犹匏瓠，仍是一语。是“槃瓠”与“包羲”字异而声义同。在初本系一人为二民族共同之祖，同祖故同姓。旧说伏羲、女娲风姓，而《图书集成·畲民调查记》及《狗皇歌》皆有姓槃之说。风从凡声，古作凡，槃从般，古作般，亦从凡声，然则风槃亦一姓也。

卜辞凤或省鸟形，直作凡。古器物先有匏，而刳木、编织、陶埴、铸冶次之。凡横置作工，象剖匏之形，下有凵为基址。然则风姓、槃姓，其初皆即匏生耳。

表一

		流传地域与讲述人	童男	童女	家长	仇家	赠遗	洪水	避水	占婚	造人	采集者
1	湘西苗人故事(一)	湖南凤凰东乡苗人吴文祥述	兄	妹	AyPé gy KoyPé iy	Koy Soy	—	雷公怒发洪水数十日	兄妹各入黄瓜避水	扔磨石东西分走	生下肉块割弃变人	芮逸夫
2	湘西苗人故事(二)	凤凰北苗人吴良佐述	儿	女	Koy Peny	Koy Soy	—	雷公发洪水七日七夜	共入葫芦	金鱼老道撮合	—	芮逸夫
3	傩父傩母歌	吴良佐抄	兄（伏羲）	妹	张良	Koy Soy	—	玉皇上帝发洪水七日七夜	共入葫芦	分赴东山、南山焚香香烟结团	生肉块割开发现十二童男女	芮逸夫
4	傩神起源歌	湖南乾县城北乡仙镇营苗人石启贵抄	儿	女	禾壁	禾耸	—	雷公发洪水七日七夜	兄妹共入仙瓜	扔竹片、扔磨石	生下怪胎割弃变人	芮逸夫
5	苗人故事	—	弟	姐	—	另一对男女	—	—	入木鼓	滚磨、抛针、抛线	生子如鸡卵切碎变人	Savina, F.M.

续表

		流传地域与讲述人	童男	童女	家长	仇家	赠遗	洪水	避水	占婚	造人	采集者
6	黑苗洪水歌	—	弟（A-Zie）	—	—	兄（A-F'o）	—	雷发洪水	弟入葫芦避水	滚磨扔刀	生子无手足割弃变人	Clarke, Samuel, R.
7	八寨黑苗传说	贵州八寨	兄妹或邻居		老岩（九蛋中最幼者司地）	雷（九蛋中最长者司天）	雷劝兄妹种葫芦	雷发洪水	入葫芦	结婚	繁衍人类	吴泽霖
8	短裙黑苗传说	贵州炉山麻江丹江八寨等县交界处	小弟	幼妹	—	石蛋中出十二弟兄，长兄被害变成雷公上天	—	小弟害死诸兄，雷公发洪水报仇	小弟作法上天	水退下地，与妹相遇结婚	生子无眼，形如球，切碎变人	吴泽霖
9	花苗故事	—	弟	妹	兄	老妇（从天下降）	—	—	弟妹入木鼓	扔磨石、扔针线	生子无手足，割弃变人	Hewitt, H.J.
10	大花苗洪水滔天歌	贵州	二兄（智来）	妹（易明）	—	大兄（愚皇）	—	安乐世君发洪水	杉舟	滚磨	生三子	杨汉先

续表

		流传地域与讲述人	童男	童女	家长	仇家	赠遗	洪水	避水	占婚	造人	采集者
11	大花苗洪水故事	贵州威宁	弟	妹	兄	—	—	—	木鼓	滚磨穿针，雷公命乐世君指示	生子无腿、无臂	—
12	雅雀苗故事	贵州南部	兄（Bu-i, Fu-hsi）	妹（Ku-eh）	—	—	—	—	入葫芦避水	扔磨石、扔树	生二子，无手足，不哭，割弃变人	Clarke
13	生苗故事（一）	贵州	兄	妹	—	—	天上老奶种瓜结瓜，瓜王可容数十人	大雨成灾，洪水灭尽人类	兄妹入瓜漂浮上天	天上人教二人下来结为夫妇	吃瓜，生瓜儿，剖碎变人	陈国钧
14	生苗故事（二）	贵州	长兄（恩——居地）	妹（媚——居地）	—	次兄（雷—居天）	—	雷发洪水	乘船漂浮上天（以葫芦盛，马蜂蜇雷）	小虫教二人打伞在山坡相逢，如远来的表亲，遂结为夫妇	生子无四肢，如瓜形，割弃变人	陈国钧
15	生苗洪水造人歌	贵州	兄（恩——居地）	妹（媚——居地）	—	次兄（雷—居天）	雷报媚以瓜子，结实如仓大	雷发洪水	乘南瓜漂浮上天	老奶指点	偷吃瓜被老奶责骂，生子无耳目，如瓜，斫碎变人	陈国钧

续表

		流传地域与讲述人	童男	童女	家长	仇家	赠遗	洪水	避水	占婚	造人	采集者
16	生苗起源歌（一）	—	兄	妹	—	—	—	—	—	结婚	生儿无手足，割碎变人	陈国钧
17	生苗起源歌（二）	贵州	兄妹由白蛋生出		—	—	—	—	—	结婚	生瓜儿，切碎变人	陈国钧
18	生苗起源歌（三）	贵州	兄妹由飞蛾卵生出		—	雷公（另一飞蛾卵生出）	—	—	—	兄妹相爱结婚	生南瓜，斫碎变人	陈国钧
19	侗人洪水歌	贵州	兄（伏羲）	妹	—	—	—	洪水来时	将造就的人种放在鼓内	—	—	—
20	苗人谱本	广西北部	兄（张良，一作姜良）	妹（张妹，一作姜妹）	卷氏夫人（生七子女）	雷公、雷母	—	铁雨成灾	兄妹入葫芦避水	太白仙人、金龟老道撮合	生肉坨（团），割碎变人	徐松石

续表

		流传地域与讲述人	童男	童女	家长	仇家	赠遗	洪水	避水	占婚	造人	采集者
21	偏苗洪水横流歌	广西西隆	兄（伏羲）	妹	—	—	—	洪水	将造就的人种放在鼓内	—	—	雷雨
22	瑶人洪水故事	广西融县罗城	儿（伏羲）	女	父	雷公	雷公赠牙，种成葫芦	天发洪水	兄妹入葫芦避水	绕树相追	生肉球，割碎变人	常任侠
23	葫芦晓歌	—	伏羲	—	—	—	—	寅卯二年发洪水	入葫芦避水	—	—	常任侠
24	瑶人故事	广西武宣修仁之间	子	—	神人	—	赠牙，种而生瓠，破瓠裂为围船	洪水	神人率子入坐铁镬，浮至天门	—	—	常任侠
25	板瑶五谷歌	广西三江	兄（伏羲）	妹	—	—	—	寅卯二年发洪水	兄妹入葫芦避水	烧香礼拜，结为夫妇	置人民	乐嗣炳

续表

		流传地域与讲述人	童男	童女	家长	仇家	赠遗	洪水	避水	占婚	造人	采集者
26	板瑶盘王歌	广西象县	兄（伏羲）	妹	—	—	—	洪水七日七夜	入葫芦避水	金龟撮合	生“团乙”	—
27	侬瑶、盘瑶盘王书中洪水歌	广西都安	兄（伏羲）	妹	蒋家	—	—	洪水七日七夜	入葫芦避水	烟火	生血盆玉女分之为三十六姓	—
28	盘瑶故事	镇边盘瑶盘有贵述	兄（伏羲）	—	—	—	—	—	入瓢瓜避水	滚磨石、烧烟火、看竹枝	撒出瓜子、瓜瓤，瓜子变男，瓜瓤变女	—
29	盘瑶故事	灌阳布坪乡	男孩	女孩	盘王	—	盘王打落牙齿，种牙成瓜	下雨三年六个月	盘王将瓜，穿眼命小孩坐入	生磨石仔，盘王切碎变人	—	—
30	红瑶故事	广西龙胜三百坤红瑶张老宅述	兄（姜良）	妹（姜妹）	姜氏太婆（生子女六人，或说七人）	雷公、雷婆	雷公、雷婆赠白瓜子	大雨成灾	兄妹坐入瓜花，结实，二人包在瓜内	看烟柱种竹，滚磨，绕山走	继续人种	徐松石

续表

		流传地域与讲述人	童男	童女	家长	仇家	赠遗	洪水	避水	占婚	造人	采集者
31	东陇瑶故事	上林东陇瑶蓝年述	伏羲	—	父别、母别	—	雷公赠牙	—	乘瓜上浮	—	生磨石仔，无头无尾，切碎变猴再变人	陈志良
32	蓝靛瑶故事	田西蓝靛瑶李秀文述	—	—	—	闪电仙人	仙人赠瓜子	大雨成灾	入瓢瓜避水	烧烟火，种竹，滚磨	生子，无手足、头尾，切碎变人	陈志良
33	背笼瑶故事	凌云背笼瑶腊承良述	兄（伏 lin）	妹（羲 Cein）	—	—	—	久雨成灾	入瓢瓜避水	滚磨	生肉团，无手足面目，切碎变人	陈志良
34	背笼瑶故事	腊承良译	兄（伏羲）	妹	—	—	自种瓢瓜，结实，如仓大	皇天降大雨	入瓜内避水	结为夫妇	生磨石儿，割碎变人	陈志良
35	蛮瑶故事	广西东二闹蛮瑶侯玉宽述	兄（伏 dn）	妹（羲 Cg）	—	—	—	久雨成灾	入大瓮避水	烧烟火，滚磨石	生子无手足、面目	陈志良

续表

		流传地域与讲述人	童男	童女	家长	仇家	赠遗	洪水	避水	占婚	造人	采集者
36	独侯瑶故事	都安独侯瑶蒙振彬述	兄（伏羲）	妹	—	—	—	雷电大雨成灾	入瓢瓜避水	—	生磨石儿，劈碎变人	陈志良
37	西山瑶故事	隆山西山瑶袁秀林述	伏羲特门、驮豆		卜白（居天上司雷雨）	雷王（居地下）	雷王赠牙	雷王下雨发洪水	入葫芦避水	烧烟火	生子无耳目口鼻，如磨，切碎变人	陈志良
38	侬人故事	都安侬人韦武夫述	—	—	—	仙人	仙人赠牙作船，发作桨	—	—	—	—	陈志良
39	保儸故事	—	弟	妹	—	两兄	—	洪水发时	弟妹入木箱上浮	—	—	Vial, Paul
40	夷人故事	云南寻甸凤仪乡黑夷李忠成，宣威普乡白夷田靖邦述	三弟	美女	—	—	白发老人教造木桶	洪水发时	入桶避水	遵老人命，与女结婚	生三子是为乾夷、黑夷、汉人之祖	马学良

续表

		流传地域与讲述人	童男	童女	家长	仇家	赠遗	洪水	避水	占婚	造人	采集者
41	汉河倮儸故事	红河上游汉河丙冒寨夷人白成章述	—	—	—	—	—	洪水中人类灭绝	葫芦从天降下，一男一女从中而出	—	—	邢庆兰
42	老亢故事	云南西南边境耿马土司地蚌隆塞	兄	妹	—	—	—	洪水发时	兄妹同入木床避水	结婚	生子，砍碎变人	芮逸夫
43	傈僳故事	耿马土司地大平石头寨	兄	妹	—	—	—	洪水发时	兄妹同入木床避水	结婚	生七子	芮逸夫
44	大凉山倮儸人祖传说（一）	西康宁族夷族	乔姆石奇（Gom-zazi）监源一带称陶姆石臬（Dom-zanyo）	天女	—	天公	—	天公发洪水毁灭人类	石奇作桐木舟避水	青蛙设计，要求天女与石奇结婚	生三子	庄学本

续表

		流传地域与讲述人	童男	童女	家长	仇家	赠遗	洪水	避水	占婚	造人	采集者
45	大凉山倮儸人祖传说（二）	—	兄（乔姆石奇）	妹（天宫仙女）	—	—	—	洪水泛滥	石奇乘桐木舟得救	经众动物设法，将妹请下，滚磨成婚	—	庄学本
46	东京蛮族故事	—	兄（Phu-Hay）	妹（Phu-Hay-Mui）	Chang Lô-Cô	—	—	洪水泛滥	兄妹同入南瓜避水	结婚	生南瓜，剖瓜得子，播种变人	deLajonquiere，Lunet
47	巴那（Bahnars）故事	交趾支那	兄	妹	—	—	—	洪水泛滥	入木箱避水	—	—	Guerlack
48	阿眉（Ami）故事	中国台湾	兄	妹	—	—	—	洪水泛滥	入木臼避水	结婚	生子传人类	Lshii, Shinji
49	比尔（Bhils）故事	印度中部	兄	妹	—	—	—	洪水泛滥	入木箱避水	结婚	生七男七女	Luard, C.E.

表二

避水工具	故事号数	总计	百分比
葫芦（瓠、瓢瓜）	2、3、6、7、12、20、22、24、25、26、27、28、32、33、36、37、41、43	17 9	自然物占57.2%
瓜（仙瓜、黄瓜、南瓜）	1、4、13、15、29、30、31、34、46	7	人造器具占41.8%
鼓（木鼓）	5、9、11、19、21、23	1	
瓮	25	5	
木桶、木臼、箱	39、40、47、48、49	1	
床	42	5	
舟（桐舟、杉舟）	10、14、38、44、45		

表三

	造人素材			故事号数	总计	
第一组	物中藏人	葫芦	男女从葫芦中出	41	1	4
		瓜	男女坐瓜花中，结实后二人包在瓜中	30	1	
		鼓	造就人类，放在鼓内	19、21	2	
	物变人	瓜	瓜子变男，瓜瓤变女	28	1	1
	人生物，物再变人	瓜	切瓜成片，瓜片变人	13、18、42	3	4
			播种瓜子，瓜子变人	46	1	
第二组	生子像物，或不成人形，割碎始变成人	像形物	像瓜	8、14、15、17	4	24
			像鸡卵	5	1	
			磨石仔	29、34、36	3	
		不成人形	肉球肉团（坨）肉块	1、3、20、26、33	5	
			无手足（腿臂）	6、9、11、12、16、31	9	
			无头尾、无耳目口鼻（面目）	32、35、37		
			怪胎	4	1	
			血盆	27	1	

第二章

姜嫄履大人迹考

周初人传其先祖感生之故事曰：

厥初生民，时维姜嫄。生民如何？克禋克祀，以弗无子。履帝武敏歆，攸介攸止，载震载夙，载生载育，时维后稷。（《诗·大雅·生民》）

“武”，各家皆训迹，“敏”《尔雅》训“拇”，谓足大趾。然“武敏”双声，疑系连语，总谓足迹耳。“歆”各家多读为“欣”，训“喜”，疑字本作“喜”，“祀”“子”“喜”“止”四字为韵。“克禋克祀，以弗无子”，“弗”读为“祓”，毛、郑皆以为祀郊禖之祭；《太平御览·一三五》引《春秋纬·元命苞》：“周本姜嫄，游閟宫，其地扶桑，履大迹，生后稷。”閟宫即禖宫，说与毛、郑同。上云禋祀，下云履迹，是履迹乃祭祀仪式之一部分，疑即一种象征的舞蹈。所谓“帝”，实即代表上帝之神尸。神尸舞于前，姜嫄尾随其后，践神尸之迹而舞，其事可乐，故曰“履帝武敏歆”，犹言与尸伴舞而心甚悦喜也。“攸介攸止”，“介”林义光读为“愒”，息也，至确。盖舞毕而相携止息于幽闲之处，因而有孕也。《论衡·吉验篇》：

后稷之时，履大人迹，或言衣帝喾衣，坐息帝喾之处，有妊。

此说当有所本。帝喾与衣，说并详后，其云“坐息帝喾之处”，则与《诗》“攸介攸止”合，此可证“息”为与帝同息，犹前此之“舞”亦与帝同舞也。

关于履迹事，汉人尚有一异说，亦可注意。《尔雅·释训》“履帝武敏”，《释文》引舍人本“敏”作“亩”，注云：

古者姜嫄履天帝之迹于畎亩之中，而生后稷。

如舍人说，则“履帝武敏歆”为“践帝之迹于畎亩之中而欣喜”，于文略嫌晦涩，似仍不若以“武敏”为连语，义较明畅。然“畎亩”与后稷之关系则至明显，舍人此说，要亦不为无因。窃意履迹确系在畎亩中，但不必破“敏”字为“亩”耳。此可以畤之沿革及形制证之。

《史记·封禅书》言“自禹兴而修社祀，后稷稼穑，故有稷祠”，下即历叙秦以来所作诸畤，计有：

秦襄公作西畤，祭白帝；
文公作鄜畤，祭白帝（白当为青，详下）；
宣公作密畤，祭青帝；
灵公作吴阳上畤，祭黄帝，作下畤，祭炎帝；
献公作畦畤，祭白帝；

◎ 南宋　佚名　大傩图（局部）

汉高祖作北畤，祭黑帝。

是畤本社稷之变相，盖稷出于社，畤又出于稷也。《史记》又曰：

自未作鄜畤也，而雍旁故有吴阳武畤，雍东有好畤，皆废无祠。或曰自古以雍州积高，神明之隩，故立畤郊上帝，诸神祠皆聚云。盖黄帝时尝用事，虽晚周时亦郊焉。其语不经见，搢绅者不道。

云“其语不经见，搢绅者不道”，是史公审慎处。实则畤之起源甚早，了无可疑。既云“虽晚周时亦郊”，则武畤、好畤即周人所立。畤出于稷，本系周物，雍为周地，故群畤聚焉，非以其积高为神明隩故也。平王东迁，始封秦襄公为诸侯，赐之岐以西地，襄公始国而作西畤。畤本周人郊天配后稷之处，秦未列侯前，不得郊天，即不得有畤。秦之有畤，以有周地而修周故事，犹后此汉代秦祚，复因秦故事以立畤也。虽然，秦立国后，郊天则可，立畤则不可。何以言之？汉人传畦畤形“如种韭畦”，然“畤”字从田，疑凡畤皆然，不但畦畤。“如种韭畦”即田畤之状，周祖后稷教稼穑，故祭之之坛如此；秦虽郊天，不当以周人之祖配食，焉用为坛如田畤之状哉？晚周礼乐废弛，立畤郊天，但存仪式，而意义全失，秦人不察，辄承其制，不为典要矣。要之，畤本周人旧俗。周人郊天，以后稷配享，而后稷始教稼穑者，故祭之之处，设畤以象田畤焉。汉人所传秦时畦畤在人先祠下，秦承周制，是周诸畤所在之祠宜亦有“人先”之名。坛状如田畤而祠名“人先”，非后稷而谁？故曰畤出于稷也。如周人郊天配稷，以畤为坛，则舍人说“履帝武敏”为“履天帝之迹于畎亩之中”，果不为无因，而余所疑履迹为祭礼中一种象征性的舞蹈，其所象者殆亦即耕种之事矣。古耕以足踏耜，其更早无耜时，当直以足践土，所谓畯是也。《春秋公羊传·宣公六年》注：“以足踏曰蹾。”《续汉书·郡国志》注引《博物志》：“东阳县多麋，十千为群，掘食草根，其处成泥，名曰麋畯。”畯之言蹾也，以足践而耕之曰畯，麋畯犹言麋耕耳。履帝迹于畎亩中，盖即象征畯田之舞，帝（神尸）导于前，姜嫄从后，相与践踏于畎亩之中，以象耕田也。

周祖后稷，字当作“畟”，稷乃谷之类名。《说文》：“畟，治稼畟畟进也。”畟当从田从夋声，“畟”“畯”一声之转，本为一字。周人称其田神曰田畯，实即后稷也。传言弃为帝喾子，帝喾者一曰帝俊，俊亦与畯同。古周字从田，而“周”“畤”音复同，周盖即田畴本字。天神曰俊，田神曰畯，先祖曰后稷，氏曰有周，义皆一贯，然则郊祀而有象耕之舞，又何疑哉？

《论衡》云“衣帝喾衣”，帝喾即帝俊，为周人之上帝，说已详上。衣者，《周颂·丝衣·序》“《丝衣》绎宾尸也，高子曰灵星之尸也。”《通典·礼四》引刘向《五经通义》：“灵星为立尸，故云：‘丝衣其紑，载弁俅俅。’传言王者祭灵星，公尸所服之衣也。”说者谓高子即《孟子》所载论《小弁》诗之高子，是其人生于战国，而灵星亦当为周时祀典，故《论衡·明雩篇》曰：“今有灵星，古昔之礼也。”《史记·封禅书》曰：

汉兴八年，或曰周兴而邑邰，立后稷之祠，至今血食天下。于是高祖制诏御史，其令郡国县立灵星祠，常以岁时祠以牛。

《续汉书·礼仪志》曰：“言祠后稷而谓之灵星者，以后稷又配食灵星也。”是灵星亦周郊祀之异名。祠灵星，公尸衣丝衣，载会弁，以象天帝，是姜嫄衣帝喾衣，即衣尸衣，衣尸衣而坐息于尸处，盖即“攸介攸止”时行夫妇事之象征。此或据晚世之制言之，其事虽与古异，其意则同也。

以上专就《生民》诗为说。诗所纪既为祭时所奏之象征舞，则其间情节，去其本事之真相已远，自不待言。以意逆之，当时实情，只是耕时与人野合而有身；后人讳言野合，则曰履人之迹，更欲神异其事，乃曰履帝迹耳。

“履帝武敏”之解释，既如上述，请进而论此事与姬姓之关系。

《左传·隐公八年》众仲曰：“天子建德，因生以赐姓，胙之土而命之氏。”此释姓、氏二字之义最晰。考“氏”即古“地”字，如云“有周氏”即保有周地之人，故曰“胙之土而命之氏”；姓、生一字，某姓即某所生，故曰“因生以赐姓”。传说修已吞薏苡而生禹，故禹为姒姓；简狄吞燕卵而生契，故契为子姓；姜嫄履大人迹而生弃，故弃为姬姓。“苡”“姒”例为同字，姒姓者犹言苡所生也；“卵”一曰“子”，子姓者犹言卵所生也，此皆易晓。独“迹”“姬”字形字义，了不相涉，履大人迹而姬姓，其故难详。故王充疑其非实，其言曰：

失意之道，还反其字。苍颉作书，与事相连。姜嫄履大人迹，迹者基也，姓当为“其”下“土”，乃为“女”旁“臣”，非“基”“迹”之字，不合本事，疑非实也。（《论衡·奇怪篇》）

案王说非是。“姬”字从𦣝；𦣝，古颐字，腭骨也。古语𦣝、齿通称（详《说𦣝》），“齿”从“止”声，故“𦣝”声字或变从“止”。

（1）《尔雅·释草》“蕲茝，蘪芜”，樊光本“茝”作“芷”；《礼记·内则》“妇或赐之茝兰”，《释文》本茝又作芷，《名医别录》“白芷一名白茝”。

（2）《玉篇》“⿰山责”亦“赜”字。案《易·系辞上传》“圣人有以见天下之赜”，依文义，“赜”当为“蹟”（迹），从足与从止同。

（3）《字汇补》有“⿰山责”字，音义与“赜”同，当即“赜”之别称。《隶释》汉碑“⿰山责”作“⿰正责”，从“正”亦与从“止”同。以上列三事例之，则“姬”亦可作“⿰女止”。汉碑“姬”作“姃”，从“正”与从“止”同，是其确证。“止”为“趾”本字，古通称“足”为“止”，足迹亦为“止”。“姬”从“⿷匚止”，犹从“止”，是姬姓犹言足迹所生矣。王氏拘于字形，不知求之于声，因疑乎周初以来所不以为疑者，而斥为“不合本事”，不亦诬乎？且王氏知“迹”训“基”，而不知“姬”“基”音同，音同则义同，故“姬”亦可训“基”。《广雅·释言》：“姬，基也。”《史记·三代世家》褚先生曰：“姬者，本也。”本亦“基”也。王氏训诂逊褚、张辈远远矣。又《说文》“⿰𦣝巳”古文作“⿰阝巳”，《周书·顾命》“夹两阶⿰阝巳”；《西京赋》“金阶玉⿰阝巳”，“⿰阝巳”即基字。《春秋公羊传·庄公十三年》注“土基三尺、土阶三等曰坛”，“阶⿰阝巳”即“阶基”。墙之基阯谓之“⿰阝巳”，齿之基止谓之“颐”，足所基止处谓之“赜”，其义一也。“赜”“蹟”一字，说具上文，而“蹟”于许书又为“迹”之重文，然则谓“姬之为言赜也，‘赜’‘蹟’‘迹’一字，故履迹而生即得姬姓”，亦无不可。王氏必执女旁“姬”之字与“迹”无涉，岂其然乎？

复考旧传古帝王感生之事，由于履迹者，后稷而外，唯有伏羲。

《太平御览·七八》引《孝经钩命决》：“华胥履迹，怪生皇牺。”

同上引《诗含神雾》：“大迹出雷泽，华胥履之，生宓牺。”

《山海经·海内东经》引《河图》：“大迹出（各本误在）雷泽，华胥履之而生伏羲。”

《潜夫论·五德志篇》：“大人迹出雷泽，华胥履之，生伏羲。”

◎ 明 佚名 刘海渡海图（局部）

余尝疑伏羲为犬戎之祖，犬戎与周或本同族，故传言伏羲画八卦，文王演之，而《易》称《周易》。今复得此证，益信前说之不谬。《乐记》疏引《孝经钩命决》曰：

伏羲乐为立基。

“立”“大”古字通，“基”者迹也，“立基”即大迹耳。“立基”为伏羲乐名，正“履帝武敏”为舞之比。《封禅书》“秦宣公作密畤于渭南，祭青帝”，伏羲字或作“宓”，若虙，“密”“宓”“虙”一字，“密畤”即伏羲之畤，故曰青帝也。《封禅书》又曰：“德公……用三百牢于鄜畤，作伏祠，磔狗邑四门以御蛊菑。”“鄜”“伏”音近，“鄜畤”亦伏羲之畤，“伏祠”即伏羲之祠，因知上文云文公作鄜畤，祭白帝，“白”实“青”之误。“伏”字从犬，伏義、盘古、槃瓠本一人，传说槃瓠为犬，与此祭伏祠，磔狗以御蛊菑亦合。

盖平王受逼于犬戎而东迁，秦襄公逐犬戎，收周故地，因受封焉；秦立伏羲之畤，因犬戎之神而祭之也。伏羲履迹而生，后稷亦履迹而生，事为同例，然则秦因犬戎之俗祭伏羲于畤，亦周祭后稷于畤之比矣。

廿九年一月九日，晋宁

【附注一】

《续汉书·祭祀志》：“汉兴八年，有言周兴而邑邰，立后稷之祀。于是高帝令天下立灵星祠，以后稷配食。旧说星谓天田星也；一曰龙左角为天田官，主谷。祀用壬辰位祠之，舞者用童男十六人；舞者象教田，初为芟除，次耕种耘耨、驱爵及获刈、舂簸之形，象其功也。”

【附注二】

或疑喾为殷人之上帝，周、殷异族不当同帝。案殷、周二族最初是否同源，尚为悬案，以见存文献论之，喾本似汉族称天帝之公名，书传喾、舜、俊三名互出通称，为今世学者公认之事实，故案实论之，同之中恐仍当有异。在殷称喾，在陈称舜，在周称俊，殷、周、陈盖异出同源之三族也。唯其同源，故喾、舜、俊有时而混称。就中陈、周关系似尤密。陈出于舜，舜为黄帝后，黄帝姬姓也，此其一。陈本称田，古周字亦从田，是陈、周古同字，此其二。舜、俊音近，舜从舛，夋从夂，又皆为足形，舜、俊恐亦本系一字。陈与周同，舜与俊同，在陈称舜，则在周当称俊矣。周之田神曰田畯，俊即畯矣。字变作舜，故传说舜耕于历山，又云象为舜耕。（跧畯为耕田之法，说已详上。）

第三章

高唐神女传说之分析

一 候人诗释义

要想明白这位神女的底蕴，唯一的捷径恐怕还是从一个较迂远的距离——《诗经·曹风》的《候人》篇出发。从《候人》诗到《高唐赋》是一个大弯子，然而这趟路程无法缩短。

《候人》是怎么一回事呢？《序》曰："刺近小人也，共公远君子而近小人焉。"朱子说："此诗但以'三百赤芾'合于左氏所记晋侯入曹之事，序遂以为共公，未知然否。"这句"未知然否"太客气了。我认为不但共公与诗无关，连那所谓"近小人"也是谎话。"远君子"则又是谎话中的废话。一个少女派人去迎接她所私恋的人，没有迎到——诗中大意如此而已。若要模仿作序者的腔调，我们便应当说："《候人》刺淫女也。"理由可以分作三点来陈述。

《候人》三章曰：

维鹈在梁，不濡其咮——彼其之子，不遂其媾。

在《国风》里，男女间往往用鱼来比喻他或她的对方。例如：

岂其食鱼，必河之鲂？岂其取妻，必齐之姜？（《陈风·衡门》）

是以鱼比女人。又如：

鱼网之设，鸿则离之——燕婉之求，得此戚施。（《邶风·新台》）

九罭之鱼，鳟鲂——我觏之子，衮衣绣裳。（《豳风·九罭》）

敝笱在梁，其鱼鲂鳏——齐子归止，其从如云。（《齐风·敝笱》）

鲂鱼赪尾，王室如燬。（《周南·汝坟》）

全是以鱼比男人，此外若：

籊籊竹竿，以钓于淇——岂不尔思？远莫致之。（《卫风·竹竿》）

其钓维何？维丝伊缗——齐侯之子，平王之孙。（《召南·何彼襛矣》）

虽不露出"鱼"字，而意中皆有鱼。《候人》的"维鹈在梁，不濡其咮"正属于这一例。"鹈"即鹈鹕，是一种捕鱼的鸟。鹈在梁上，不濡其咮，当然没有捕着鱼。诗的意思是以鹈不得鱼比女子没得着男人，所以下文说："彼其之子，不遂其媾。"

《候人》四章曰：

◎ 明 佚名 仙女凤凰图

荟兮蔚兮，南山朝跻——婉兮娈兮，季女斯饥。

朝跻是后话。目前我们要检验的是这"饥"字。解诗者因为昧于古人的语言中，照样的也有成语，往往把一句诗照字面硬讲下去，因而闹出笑话来，这里的"季女斯饥"便是一个例。说遇着荒年，最遭殃的莫过于少女，因为女弱于男，禁不起挨饿，而少女尤甚。天下有这样奥妙的道理吗？其实称男女大欲不遂为"朝饥"，或简称"饥"，是古代的成语。在《国风》称"朝饥"的有：

未见君子，惄如调饥。（《周南·汝坟》）

"惄如"当读为"惄然"，"调饥"即"朝饥"。下文曰"鲂鱼赪尾"，鱼是比男子的，前面讲过了。《左传·哀公十七年》："卫侯贞卜其繇曰：'如鱼竀（赪）尾，衡流而方羊。'"疏引郑众说曰："鱼肥则尾赤，方羊游戏，喻卫侯淫纵。"拿郑众解《左传》的话来和《汝坟》相参证，则"朝饥"的"饥"自然指情欲，不指腹欲。称"饥"的则有：

泌之洋洋，可以乐饥。（《陈风·衡门》）

"乐"郑作"𤻲"，鲁、韩并作"疗"。下文曰："岂其食鱼，必河之鲂？岂其取妻，必齐之姜？"洋洋的泌水，其中多鱼，故可以疗饥。但下文又以食鱼比取妻，则疗饥的真谛还是以疗情欲的饥为妥。既以"饥"或"朝饥"代表情欲未遂；则说到遂欲的行为，他们所用的术语，自然是对"饥"言之则曰"食"，对"朝饥"言之则曰"朝食"了。称"朝食"的例如：

乘我乘驹，朝食于株。（《陈风·株林》）

这诗的原事是灵公淫于夏姬，古今无异说。我以为"朝食"二字即指通淫。《楚辞·天问》里有很好的证据。屈原问禹娶涂山事曰：

禹之力献功，降省下土四方，焉得彼涂山女，而通之于台桑？闵妃匹合，厥身是继，胡维嗜不同味，而快鼂饱（饲）？

"饱"与"继"不押韵，当为"饲"之误。"朝""鼂"古今字，饲与食通，"鼂饲"即朝食。上文曰"通之于台桑"，下文曰"快朝食"，语气一贯。王逸注曰："何特与众人同嗜欲，苟欲饱快一朝之情乎？"虽据误字为说，但不曰饱腹而曰饱情，却抓着屈原的意思了。屈原用"朝食"二字，意指通淫，则《诗》中"朝食”的意义可以类推了。正如朝饥可省为饥，朝食也可省为食。

彼狡童兮，不与我食兮，维子之故，使我不能息兮。（《郑风·狡童》）

息即《葛生》“予美亡此，谁与独息”，《北山》“或息偃在床”之息，所以与“不能息”一章的“不能餐”对举。“不能息”既是不能寝息，则上文“不与我食”便非认为一种隐语不可了。“食”字的这种用法到汉朝还流行着。

《汉书·外戚传》“房与宫对食”，注载应劭说曰：“宫人自相与为夫妇名对食。”

这是古人称性交为食的铁证。因而我想，把男女的私事很天真地放在口头上讲，只有六朝乐府在这一点上，还保存着古风，所以《子夜歌》的“饥”“食”似乎也含有某种特殊意义，可与《诗经》《楚辞》《汉书》互证：

谁能思不歌？谁能饥不食？日冥当户倚，惆怅底不忆？

总之，《候人》“季女斯饥”之饥，由上面各证例看来，当指情欲之饥，是无可疑的。

再把《诗经》中称“鱼”与称“饥”的例合起来看，《汝坟》曰“惄如调饥”，又曰“鲂鱼赪尾”，《衡门》曰“可以乐饥”，又曰“岂其食鱼”。鱼既是男女互称其配偶的比喻，则为鱼而饥即等于为配偶而饥。试想这“饥”字若果指口腹之欲而言，那不吓坏人吗？不必追究了。这已经太不成话了。要紧的是记住《候人》也是提到“饥”，又变相地提到“鱼”，因此那“饥”字也是断断不容有第二种解释的。

以上将本篇中“鹈不得鱼”的比喻及“饥”字的含义说明了，意在证明《候人》的曹女是在青春的成熟期中，为一种迫切的要求所驱使，不能自禁，因而犯着伦教的严限，派人去迎候了她所不当迎候的人。这从某种观点看来，是不妨称其为淫女的。这是第一点。

《鄘风·蝃蝀》篇，毛《序》说是“刺奔女”。《诗》曰“朝隮于西，崇朝其雨”，这与《候人》的“荟兮蔚兮，南山朝隮”原是一回事，理由看下文自明。《蝃蝀》又曰：“乃如之人兮，怀昏姻也，大无信也，不知命也。”《候人》曰：“婉兮娈兮，季女斯饥。”“怀昏姻”犹之乎《野有死麕》的"怀春"，也与上文所解的"饥"字义相合。由以上两点可以决定《候人》与《蝃蝀》二诗性质大致相同。因而《蝃蝀》的女子是奔女，《候人》的女子也必与她同类了。这是第二点。

《吕氏春秋·音初篇》曰：

禹行功，见涂山之女。禹未之遇而巡省南土。涂山氏之女乃令其妾候禹于涂山之阳，女乃作歌，歌曰："候人兮猗！"实始作为南音。

《楚辞·天问》述这故事颇有微词。原文上面已经引过。为对照的便利计，我们再录一遍。

禹之力献功，降省下土四方，焉得彼涂山女，而通之于台桑？闵妃匹合，厥身是继，胡维嗜不同味，而快鼌饱（饲）？

曰"通"曰"鼌饲"，都是带褒贬的字眼，这是上文已经证明过的。就全段文字的语气看，屈原的意思也是说禹与涂山氏的结合不大正经。这意见虽不合于传统观念中那位圣王的身份，但并不足怪，因为屈原是生在许多传统观念尚未凝固以前。《吕氏春秋·当务篇》曰："尧有不慈之名，舜有不孝之行，禹有淫湎之意，汤武有放杀之事。"《庄子·盗跖篇》曰："尧不慈，舜不孝，禹偏枯，汤放其主，武王伐纣。"马叙伦说"偏枯"是"淫湎"之误，是很对的。《吕氏春秋》《庄子》与屈原的态度一致，确乎代表一部分较老实的、不负托古改制的使命的先秦人对于古事的观念。但是据《音初篇》，本是涂山氏追求禹，所以我想淫湎的罪名与其加在禹身上，不如加在涂山氏身上较为公允。明白了这一点，则《音初篇》所载的古《候人歌》和《曹风·候人》间的关系便很显著了。曹女因"饥"而候一个人，涂山氏为"快鼌饲"而候禹，候人的动机同，此其一。曹女派"三百赤芾"的"候人"去候她的男子，涂山氏令其妾去候禹，候的方法也同，此其二。曹女与涂山氏的情事如此地相似，所以诗人即用旧传《候人歌》的典故来咏曹女，以古《候人歌》证曹《候人》诗。涂山氏的行为既有招物议的余地，则曹女的行为可以想见了。这是第三点。

以上用《候人》的本文，《鄘风·蝃蝀篇》，以及古《候人歌》的原事，分别将《曹风·候人》的性质阐明了。现在我们才可以拿它和《高唐赋》比较。

◎ 明 刘节 藻鱼图（局部）

二 候人诗与高唐赋

《文选》江文通《杂体诗》注引《宋玉集》曰：

楚襄王与宋玉游于云梦之野。望朝云之馆，有气焉，须臾之间，变化无穷，王问是何气也。玉对曰："昔先王游于高唐，怠而昼寝，梦见一妇人，自云：'我帝之季女，名曰瑶姬，未行而亡，封于巫山之台。闻王来游，愿荐枕席。'王因幸之。去乃言：'妾在巫山之阳，高邱之岨，旦为朝云，暮为行雨，朝朝暮暮，阳台之下。'旦而视之，果如其言。为之立馆，名曰朝云。"

这是《宋玉集》中的《高唐赋》所叙的情节，比《文选》上载的《高唐赋》较详。拿这和《候人》诗相较，消息相通之处很多。举其荦荦大者：（一）诗曰"季女"，赋亦曰"季女"；（二）诗曰"季女斯饥"，赋曰"愿荐枕席"；（三）诗曰"朝隮"，赋曰"朝云"，而《传》《笺》皆训"隮"为云，则"朝隮"即朝云；（四）诗的"朝隮"在南山，赋的"朝云"在巫山；（五）据《蝃蝀》"朝隮于西，崇朝其雨"，知《候人》的"朝隮"也能致雨；诗之"朝隮"既能致雨，则赋曰"朝为行云，暮为行雨"，亦与诗合。诗与赋相通之处这样多，我的解释如此。《候人》的"朝隮"与下文"季女"，是一而二，二而一，犹之乎《高唐赋》的"朝云"便是帝之季女；南山"朝隮"与巫山"朝云"都是神话的人物，赋中"须臾之间，变化无穷"的"朝云"是一个女子的化身，诗中"荟兮蔚兮"的"朝隮"也是一个女子的化身。因此《候人》末章四句全是用典，用一个古代神话的典故来咏那曹女。唯其是用典，所以看来不大容易摸着头绪。但是，因为"朝隮"与"朝云"两个神话本是一个（起码也有着共同的来源），所以诗意若嫌朦胧，拿赋来比照一下，便立刻明朗了；反之，赋中若有了疑滞，也可借诗来解决。

总之，朝隮与朝云的关系非常密切，密切到几乎融为一体，下面还有更详细的论证。

三 释隮

《蝃蝀》《候人》两诗及《高唐赋》所提到的，有“蝃蝀”，有“隮”，有“气”，有“云”。这些名词不能不加以剖析。“蝃蝀”即虹，虹又名蜺，这是我们早晓得的。但古人每以“云蜺”连称，如《孟子·梁惠王下篇》“如大旱之望云霓”，《离骚》“帅云霓而来御”，“扬云霓之晻霭兮”（霓与蜺同），可知他们认为“云”“蜺”是一物了。古人又以“虹气”“云气”连称，如《蝃蝀》传“夫妇过礼则虹气盛”，《文选·高唐赋》“其上独有云气”及《庄子·逍遥游篇》“乘云气，负青天”，则对于“虹”与“云”与“气”之间，他们都不加区别了。蝃蝀（虹）、云、气的问题已经解决了。然则“隮”是什么呢？有以为隮是气的：

《蝃蝀》传曰：“隮，升〔气〕也。”笺曰：“朝有升气于西方。”

《周礼·眡祲》先郑注曰：“隮，升气也。”

《古微书》引《春秋感精符》宋均注曰：“隮谓晕气也。”

有以为是云的：

《候人》传曰：“隮，升云也。”《笺》曰：“荟蔚之小云升于南山。”李氏《易传·二》引《需卦》荀爽注曰：“云上升极则降而为雨，故《诗》云：‘朝隮于西，崇朝其雨。’”

又有以为是虹的：

《周礼·眡祲》后郑注曰：“隮，虹也。”

“隮”可训气，可训云，又可训虹，这在一方面坐实了我前面所说的虹、云、气古人不分，在另一方面又证明了虹、云、气与隮原来也是互相通用的名词。

但是为什么叫“隮”呢？是因为隮之本义为升，而云气能上升，故称云气为“隮”吗？然而云气可曰升，虹亦可曰升吗？何以古人又称虹为隮呢？我以为诸家中，只有后郑训《周礼》的“隮”为虹，宋均训《春秋感精符》的“隮”为晕气，是切当的；其余或曰升气，或曰升云，都不免望文生义。原来这“隮”字是个假借字，所以它的意义和训升的“隮”绝对无关。何以知其然呢？《周礼》故书“隮”作“资”。作“资”，我想确乎比作“隮”近古些。因为“资”字从“次”，“次”字则无论在形或义上都可以与虹、云、气连贯得上，“隮”字便毫无这样的可能了。

《说文》“次”之古文作[illegible]。朱骏声曰：“本为‘茨’之古文，象茅盖屋次第之形。”案[illegible]确当为“茨”之古文，但字似当作[illegible]，上半的卝是艸的讹变。“茨”“盖”义同，古玺文“盖遂”字作[illegible]，从[illegible]，似即茨之古文[illegible]的微变。古文“茨”作[illegible]，则古文“次”必有作[illegible]的了。[illegible]正像虹霓的彩色相比“次”之形，所以古人便称“虹”为“次”。《周礼》故书写作“资”，还不失命名之义；其他诸书均作“隮”，声虽没变，形义可远了去了。

再看“次”字的结体：

[illegible]卜辞[illegible]次炉王子婴[illegible]（反文）其次句鑃[illegible]陈侯因齐敦[illegible]（小篆）

卜辞像人张口吐气之形，右面的[illegible]（即反旡字）像人张口，左面的[illegible]即代表气。“次”字的本义既如此，所以小篆改像张口形之[illegible]为像气形，亦即反[illegible]（气）字之[illegible]，“旡”与“气”义既相通，则“气”之别构作“炁”，实与金甲文相符合，不得认为俗体了。“次”字依金甲文从反旡，则与“炁”相通；依小篆从[illegible]，则与气（氣）相通，可知次字本来就有气的意思。《周礼》故书“隮”作“资”，而“资”所从的“次”有“气”义，则毛公、二郑及宋均皆以“气”释“隮”字，必是有来历的。但毛公、郑众承用古训，知其然未必知其所以然，因为看他们都训“隮”为“升气”，大概是一面沿用了古训，一面又读“隮”如“次”字而训为“升”，合拢来便成为升气了。

总之，“隮”之本字当作“资”，“资”又是“次”的借字。次字若依古文作[illegible]，则正像虹之形；若依金甲文及小篆，则含有“气”义。由前说，“隮”即虹，由后说，“隮”即气，而云也是气之一种，则“济”也可以说即是云了。“隮”之与云，名异而实同，则毛公、郑玄、荀爽等皆释“隮”为云，固然不错，而我说诗之“朝隮”即赋之“朝云”，也就更有根据了。

以上就字的形义说，“资”（隮）与虹的关系已经够密切的了。若就字音说，关系还要密切。因为“虹”“蜺”是一物，而“资”与“蜺”古音同，“资”是“蜺”的假借字。

《说文》“霓”从“兒”（儿）声，“次”从“二”声，“兒”（儿）与“二”同音，则“霓”与“次”古音亦同。“霓”与“次”音理可通，还可从与这两字声类相近的字中找到不少的旁证。属于谐声的，例如：（一）“癡（痴）”从“疑”声，（二）“耻”从“耳”声，（三）“咠”从“耳”声，（四）“耴”从“耳”声，（五）“尼”从“匕”声。以上“疑”“耳”“尼”与“兒”（儿）声近；“癡”（痴）“耻”“咠”“耴”“匕”与“次”声相近。属于名物训诂的，例如：（一）《尚书·舜典》郑注“能，咨也”；（二）《说文》“姿，态也”，“态”从“能”声；（三）《说文》“佴，佽也”；（四）《说文》“资”之重文作“饻”，《广雅·释器》“饻，饵也”；（五）《尔雅·释宫》“栭谓之楶”；（六）玄应《一切经音义·十一》引《通俗文》“朒，再生也”，《说文》“凡战死而复生曰殎”。以上能耳而内皆与“兒”（儿）声近，而皆与从“次”声之字同义。其实“霓”古读如“次”，在“霓”的音符“兒”（儿）字上还可以找到更直接的理由。

[illegible]卜辞　[illegible]小臣兒（儿）卣　[illegible]易兒（儿）鼎　[illegible]兒（儿）鼎　[illegible]小篆

[illegible]即《说文》“齿”之古文[illegible]。“兒”（儿）字从[illegible]，在意义上，本像小儿张口露齿之形，所以俗呼小儿为“牙”（《说文》牙之古文作[illegible]），在声音上是从[illegible]得声，所以“兒”（儿）一曰“子”，“子”与“齿”音近。“兒”（儿）字既有“齿”音，则“宽”与“次”自然可以因为音近而相通假了。

总之，“霓”与“资”，无论在形义或声音上都相合，所以《周礼》故书以“资”代“霓”。“资”与“隮”又是同声通用的字，所以《毛诗》《周礼》及《春秋感精符》又以“隮”代“资”。“隮”既是“霓”的二重假借字，所以《周礼》郑注训为虹。但“虹”“霓”“云”“气”古人不分，所以《候人》传、笺及荀爽《易注》皆训“隮”为“云”，而《蝃蝀》传、笺，先郑《周礼》注、宋均《春秋纬注》又皆训为“气”。“隮”即“霓”，“霓”“云”又可以不分，所以我们说诗的“朝隮”即赋的“朝云”。

四 虹与美人

《周礼·眡祲》之职"掌十辉之法，以观妖祥，辨吉凶"。"隮"是"十辉"之一，在古人心目中必有所象征，才可以为"观妖祥，辨吉凶"之用。"隮"所象征的是什么，经典中未曾明言。但"隮"即虹，上文已经说过，而虹这东西据汉以来一般的意见，正是有着一种象征的意义的。有以虹为阴阳二气交接之象者：

《淮南子·说山训》曰："天二气则成虹。"高诱注："阴阳二气相干也。"

《吕氏春秋·节丧篇》高诱注曰："虹，阴阳交气也。"

《汉书·天文志》曰："虹寬者，阴阳之精也。"

《初学记·一》引《春秋元命苞》曰："阴阳交为虹蜺，虹蜺者阴阳之精。"

《易通卦验》郑玄注曰："虹者阴阳交接之气。"

《艺文类聚·二》引蔡邕《月令章句》曰："虹，蝃蝀也，阴阳交接著于形色者也。"

因之，虹即为淫邪之象：

《逸周书·时训篇》曰："虹不见，妇人苞乱……虹不藏，妇不专一。"

《蝃蝀》毛传曰："夫妇礼过则虹气盛。"

《后汉书·杨赐传》引《易纬览图·中孚经》曰："蜺之比无德，以色亲。"

《开元占经·九八》引《春秋潜潭巴》曰："虹蜺主内淫。"

也有单说虹为阴性者：

《说文·雨部》曰："霓，屈虹青赤，或白色，阴气也。"

《后汉书·杨赐传》注引《春秋文耀钩》宋均注曰："虹蜺，阴气也。"

《开元占经·九八》引《春秋感精符》曰："九虹俱出，五色纵横，或头衔尾，或尾绕头，失节，九女并讹，正妃悉黜。"

或又以为虹是阴淫于阳的象征：

京房《易传》曰："蜺，日旁气也。其占云，妻乘夫则见之，阴胜阳之表也。"

《易纬是类谋》曰："二日离气不效，赤帝世属轶之名曾之，候在坎，女讹诬，虹蜺数兴。"郑玄注曰："……亦又候其冲，出在南方，为太阳征，阴类灾也，故女子为讹诬。虹蜺，日旁气也。皆阴，故蔽阳。"

《释名·释天》曰："虹，攻也，纯阴攻阳气也。"

◎ 元 佚名 仙女图

以上所引的虽然几乎全是汉人的论调，但他们必是根据在他们以前早已存在着的一种观念而加以理论化。

《太平御览·一四》引张璠《汉纪》曰：“灵帝光和元年，虹昼见御座殿庭前，色青赤。上引蔡邕问之。对曰：‘虹霓，小女子之神……’”

另一种说法是：

《释名·释天》曰：“虹……又曰美人。”《尔雅·释天》：“蝃蝀，虹也。”郭璞注曰：“俗名为美人虹。”《异苑》一曰：“古语有之曰：古者有夫妻荒年食菜而死，俱化成青虹，故俗呼美人虹。”

我认为这便是汉儒所据以推衍成他们那些灾异论的核心。虽然刘熙、郭璞、刘敬叔是三国至刘宋间的人，但他们所记的俗语，比起在他们以前的那灾异论，实在还要古些。因为凡是一种民间流行的俗语，决不能产生于短促的时间里，这是不易的通例。不但《高唐赋》所传的虹的化身是一位美人，而且在《诗经》中就已经屡次以虹比淫奔的女子，那很分明地显示出美人虹的传说，当时已经有了。因此你想刘敬叔所谓古语，不是可以一直古到《诗经》的时代吗？

美人虹故事绵亘的期间，往前推，可以到《诗经》时代；往后推，可以到隋唐朝。《穷怪录》载：

后魏明帝正光二年夏六月，首阳山中有晚虹下饮于溪泉。有樵人阳万于岭下见之。良久化为女子，年如十六七。异之，问不言。乃告蒲津戍将宇文显取之以闻。明帝召入宫，幸未央宫视之，见其容貌姝美。问云：“我天帝女也，暂降人间。”帝欲逼幸，而色甚难。复令左右拥抱，声如钟磬，化为虹而上天。

这和《高唐赋》的故事相合的地方很多，而最可注意的是那边说“我帝之季女”，这边也说“我天帝女也”。何以凑巧到这样？有人或许要抓住这一点来断定《穷怪录》的作者是抄袭《高唐赋》的故事，或最少也受了它的暗示。但是不然。《高唐赋》只说神女的原身是“云”是“气”，并没有说是“虹”；而在《穷怪录》的作者的时代，

五 曹卫与楚

"虹"与"云""气"之间应当已经有了明晰的界限，恐怕他不能知道"云"即是"虹"吧。即使退一百步来讲，他真知道古人曾经"云""虹"通称过，但是倘若依照《高唐赋》的字面，说那女子是一朵彩云化的，就不说意象更加美了的话，单就故事的机构讲，那样又有什么违碍，而非把"云"改为"虹"不可呢？《穷怪录》的作者，在事实上既不会是像我这样多事的一个人，花上九牛二虎之力去推敲"云""虹"的关系，因而得到如同我所得到的结论；而在艺术的选择中，他更不会无缘无故舍弃了一个顶好的"云化为女子"的意象，换上"虹化为女子"。既然如此，所以我说《穷怪录》所同于《高唐赋》之处并非抄袭，而只是偶合；唯其二者同出于一个来源，所以偶合是应当而且不可避免的。

由《蝃蝀》《候人》二诗而《高唐赋》，而汉人的灾异论，而刘熙、郭璞、刘敬叔等所记的方俗语，而《穷怪录》中的故事，这显然是一脉相承的。虽然有的是较完整的故事，有的是些片段（虽零星而尚可补缀的片段），有的又只是投映在学说或俗语中的一些荡动的影子——虽然神话存在的证据有不同的方式，可是揣想起来，神话仍当是很久远地存在过，亘千有余年的而未曾间断地存在过。

"朝隮"即"朝云"，而"朝云"的神话在《诗经》时代已经产生了，这些前面都已交代清楚了。《诗经》的"朝隮"一见于《鄘风·蝃蝀》，一见于《曹风·候人》《鄘风》即《卫风》；而曹、卫是邻国，所以流传着同样的神话，这也是容易明白的。至于高唐在楚的境内，离曹、卫那样辽远，却也有着同样的神话，那又怎么解答呢？问题其实也简单，只要你记得在古代，一个民族不是老守着一个地域的。近来许多人都主张最初的楚民族是在黄河下游，这是可信的。胡厚宣的《楚民族源于东方考》举了许多证据，其中有一项尤其能和我们的问题互相印证。他据春秋时曹、卫皆有地名楚丘，楚丘即楚的故墟，证明最初的楚民族是在曹、卫地带住过的。对了，楚国的神话发见于曹、卫的民歌中，不也是绝妙的证据吗？此外我想曹还有鄸邑，而在古代地名上加"邑"旁是汉人的惯例，则"鄸邑"字本作"夢"（梦），与楚地"云梦"之"梦"同字。楚高唐神女所在的巫山是在云梦中，而曹亦有地名梦——这一来，"朝济"与朝云间的瓜葛岂不更加密一层？而二者原是出于一个来源，不也更可靠了吗？总之，曹、卫曾经一度是楚民族的老家，所以二国的民歌中还保留楚民族神话的余痕；所以楚神话人物所居的地名，在曹国也有，这道理是极明显的。

◎清 朱耷 东坡朝云图（局部）

六 高唐与高阳

《墨子·明鬼篇》曰：

燕之有祖，当齐之社稷，宋之桑林，楚之云梦也。此男女之所属而观也。

郭沫若先生以为这和祀高禖的情形相合，因而说祖、社稷、桑林和云梦即诸国的高禖。这见解是很对的。《礼记·月令》曰：

仲春之月：是月也，玄鸟至。至之日，以太牢祠于高禖。天子亲往，后妃帅九嫔御，乃礼天子所御，带以弓韣，授以弓矢于高禖之前。

《春秋·庄公三十三年》“公如齐观社”，三传皆以为非礼，而《穀梁》解释非礼之故曰“是以为尸女也”。郭先生据《说文》“尸，陈也，象卧之形”，说“尸女”即通淫之意，这也极是。社祭尸女，与祀高禖时天子御后妃九嫔的情事相合，故知社稷即齐的高禖。桑林与《鄘风·桑中》所咏的大概是一事，《鄘风》即《卫风》，而卫、宋皆殷之后，故知桑林即宋的高禖。云梦即高唐神女之所在，而楚先王幸神女，与祀高禖的情事也相似，故知云梦即楚的高禖。燕之祖虽无事实可证，但《墨子》分明说它等于齐之社稷、宋之桑林、楚之云梦，则祖是燕的高禖也就无问题了。

云梦的神是楚的高禖，而云梦又有高唐观，看来高唐与高禖的关系非常密切，莫非是一回事？郭沫若先生便是这样主张的一个人。他说高唐是高禖之音变。但我觉得说二者之间有着密切的关系是可以的，说高唐即高禖的音变则欠圆满。“禖”与“唐”的声音上相隔终究嫌太远。与其说高唐即高禖，不如说即高阳，因为“唐”“阳”确乎是同音而通用的字。卜辞成汤字作唐，《说文》“唐”之古文作“啺”，都是例证。

《路史·余论二》引束皙曰：“皋禖者，人之先也。”古代各民族所记的高禖，全是各该民族的先妣。夏人的先妣是涂山氏，《史记·夏本纪》《索隐》引《世本》曰：“涂山氏名女娲。”而《路史·后纪二》以女娲为神禖，《余论二》又曰：“皋禖古祀女娲。”这是夏人的高禖祀其先妣之证。《礼记·月令》郑注曰：“高辛氏之出，玄鸟遗卵，娀简吞之而生契，后王以为媒官嘉祥而立其祠焉。”疏引《郑志》焦乔答王权曰：“娀简狄吞凤子之后，后王以为禖官嘉祥，祀之以配帝，谓之高禖。”这是殷人的高禖亦祀其先妣之证。《鲁颂·閟宫》传说閟宫是妣姜嫄的庙，又引孟仲子说曰：“是禖宫也。”禖宫即高禖之宫。閟宫是高禖之宫，又是姜嫄的庙，这是周人的高禖亦祀其先妣之证。夏、殷、周三民族都以其先妣为高禖，想来楚民族不会是例外。因为我以为楚人所祀为高禖的那位高唐神，必定也就是他们那“厥初生民”的始祖高阳，而高阳则本是女性，与夏的始祖女娲、殷的始祖简狄、周的始祖姜嫄同例。既然如此，则楚的先祖（毋宁称为先妣）按规矩说，不是帝颛顼，而是他的妻女禄。本来所谓高阳氏应该是女禄的氏族名，不是颛顼的。因为在母系社会中，是男子出嫁给女子，以女家的氏为氏。许是因为母系变为父系之后，人们的记忆随着悠久的时间渐渐消逝了，于是他们只知道一个事实，那便是一切主权只许操在男人手里。因而在过信了以今证古的逻辑之下，他们便闹出这样滑稽的错来，把那“生民”的主权也移归给男人了——许是因为这个缘故，楚人的先妣女禄才化为一位丈夫了。与这同类的例子似乎还有。《史记·夏本纪》《索隐》引《世本》《吴越春秋·越王无余外传》：都称禹为高密。我常常怀疑禹从哪里得来这样一个怪名字。如今才恍然大悟，高密即高禖（禖通作“密”，犹之乎“禖宫”通作“閟宫”），高密本是女娲的称号，却变成禹的名字——这不和高阳本指女禄、后人指为颛顼相仿吗？

高阳在始祖的资格之下，虽变成了男性，但在神禖的资格之下，却仍然不得不是个女子。一方面变，一方面不变，而彼此之间谁又不能迁就谁，于是一人只好分化为二人了。再为避免纠纷起见，索性把名字也区别一下：性别不变的，当然名字也可以照旧写他的“高唐”；性别变了的，名字最好也变一下，就写作“高阳”吧。于是名实相符了。于是一男一女，一先祖一神禖，一高阳一高唐，各行其是，永远不得回头了。

至于“高唐”这名称是怎么发生的呢？郭沫若先生说它是“郊社”的音变，是很对的。“高禖”即“郊禖”，“高”“郊”可通，是不成问题的。“唐”“社”在音理上可通，郭先生已经说明了，但没有举出实例来。今案古有唐杜氏，孙诒让说：“杜本唐之别名，若楚一言荆也，累言之，楚曰荆楚，故唐亦曰唐杜。”“唐”一曰“杜”，而“杜”“社”皆从“土”声，这是“唐”可与“社”通的一个证例。《尔雅·释本》：“杜，甘棠。”“棠”“唐”声同，所以“唐棣”一作“棠棣”。“杜”一曰“棠”，而“杜”与“社”，“棠”与“唐”皆同声而通用。这是“唐”与“社”可通的又一个证例。这样看来，“高唐”是“郊社”的音变，毫无问题了。“郊社”变为“高唐”，是由共名变为专名“高唐”又变为“高阳”，由是女人变为男人，这和“高禖”变为“高密”，“高密”又由涂山变为禹，完全一致了。

七 高唐神女与涂山氏

方才我们讲到楚民族的高唐（阳）以先妣而兼神媒，与夏民族的涂山氏同类。其实二者不但同类，而且关系密切。这道理假如我们把前面的文章温一遍，自然就明了了。在前面我们讲到《候人》诗的“朝隮”即《高唐赋》的“朝云”，那么“朝隮”便是高唐神女的前身了。我们又讲到古《候人歌》与曹《候人》诗有着很深的关系，那么“朝隮”就又像是古《候人歌》的中心人物涂山氏了。“朝隮”一面关联着高唐神女，一面又关联着涂山氏，高唐神女岂不与涂山氏也有了关系吗？果然，我们又讲到高唐神女与涂山氏的行为极相似。因为，涂山氏迎候禹，是以女追求男，再证以先秦人说禹“通之于台桑”，又目禹为淫湎；而我们觉得禹既是被动者，则假如他的行为是失德的话，责任还该由涂山氏负——把这几点综合起来，则涂山氏的举止太像奔女了。与那“闻王来游，愿荐枕席”的神女生涯几乎没有区别了。这样看来，高唐神女与涂山氏不但有关系，而且关系密切。但是高唐神女不仅在行为的性质上与涂山氏相同，她们另有两点相同之处，我们得赶快补充上。

《艺文类聚·一一》引《礼含文嘉》曰：“禹卑宫室，垂意于沟洫，百谷用成，神龙至，灵龟服，玉女敬养，天赐妾。”

《□□□□》引《乐动声仪》曰：“禹治水，昊天赐神女圣姑。”

禹娶涂山氏，而纬书一则曰“玉女敬养，天赐妾”，再则曰“昊天赐神女圣姑”，这与高唐神女是天帝之女而又名曰瑶姬，不是一样的吗？还有涂山氏所奔的禹，高唐神女所侍宿的楚之先王，都是帝王，这又何其相似！不，从这种种方面看，高唐神女与涂山氏，不仅相似，简直是雷同。这是大可注意的。按神话传说的分合无常的诡变性说，二者莫非本是一人？对了，我有证据，是从地理中得来的。

◎ 南宋 马和之 画麻姑仙像（局部）

《左传·哀公七年》："禹和诸侯于涂山。"杜注曰："涂山在寿春东北。"

寿春东北的涂山，即《苏氏演义》所谓四涂山中的濠州涂山，在今安徽怀远县东南八里。《元和郡县志·九》：濠州钟离县有涂山，在县西九十五里。又说："当涂县故城，本涂山氏国，在县西南一百一十七里。禹娶于涂山，即此也。"但《南部新书·庚》曰：

濠州西有高塘（唐）馆，俯近淮水。御史阎敬爱宿此馆，题诗曰："借问襄王安在哉？山川此地胜阳台。今朝寓宿高塘（唐）馆，神女何曾入梦来？"轺轩来往，莫不吟讽，以为警绝。有李和风者至此，又题诗曰："高唐不是这高塘，淮畔江南各一方，若向此中求荐枕，参差笑杀楚襄王。"

近来钱宾四先生据《读史方舆纪要》"霍邱县西北六十里有高唐店，亦曰高唐市。宋绍兴初，金人繇颍寿渡淮，败宋军于高唐市，进攻固始"，说："依此言之，淮上固有高唐。襄王既东迁，都于陈城，岂遽游江南？则求神女之荐枕者，与其在江南不如在淮上。参差之笑，恐在彼不在此也。"钱先生驳李和风的话，可谓中肯极了。安徽有涂山又有高唐馆，这是很有趣的。但更加有趣的是，有涂山又有高唐的，还不仅安徽一处。

《华阳国志·巴志》曰："禹娶于涂山……今江州涂山是也。"

《水经注·江水注》曰："江之北岸有涂山，南有夏禹庙、涂君祠。庙铭存焉。"

这座涂山在今四川巴县（重庆市巴南区）东一里。离此不远，便是《高唐赋》中的巫山，而据赋说古高堂观便坐落在那附近。然则四川也是有涂山又有高唐的。有这样凑巧的事！几乎不可思议了。这两个人——涂山氏与高唐神女，家世一样、行为一样，在各自的民族里，同是人类的第一位母亲，同是主管婚姻与胤嗣的神道，并且无论漂流到那里，总会碰到一起——这其间必有缘故。

八 云梦与桑林

我们在上文根据墨子以桑林与云梦并举的话，又以《鄘风·桑中》为参证，于是断定“桑林”即宋的“高禖”，与楚之“高禖”“云梦”同类。不过有一个极有趣的证据，在那边我们也不及提出，现在有机会可以补充了。

《吕氏春秋·顺民篇》：“天大旱，五年不收，汤乃以身祷于桑林。”高注曰：“桑林，桑山之林，能兴云作雨也。”

《淮南子·修务训》：“汤苦旱，以身祷于桑山之林。”高注曰：“桑山之林能为云雨，故祷之。”

《吕氏春秋·慎大篇》：“武王胜殷，立成汤后于宋，以奉桑林。”高注曰：“桑山之林，汤所祷也，故所奉也。”

“桑林”本是“桑山之林”的简称，这是很有关系的一点。桑林之神住在桑山上，与云梦之神住在巫山上同类——拿这一点来证明楚之云梦相当于宋之桑林，已经够了。何况桑林之神能兴云作雨，与云梦之神“朝为行云，暮为行雨”又是不约而同呢。

汤祷雨，据《艺文类聚·一二》引《帝王世纪》又说是：

祷于桑林之社。

这一个“社”字很要紧。我们先将“社”的制度说明一下。

《论语·八佾篇》曰：“哀公问社于宰我，宰我对曰：‘夏后氏以松，殷人以柏，周人以栗。’”

《白虎通义·社稷篇》引《尚书·逸篇》曰：“大社为松，东社为柏，西社为栗，北社为槐。”

《周礼·大司徒》曰：“设其社稷之壝，而树之田主。各以其野之所宜木，遂名其社与其野。”

凡社必有木，所以《说文》“社”之古文作“袿”，从“示”从“木”从“土”。不过诸书所说的，似乎是后世在都邑之内，封土种树以为之的仿造的变相的社。原始时期的社，想必是在高山上一座茂密的林子里立上神主、设上祭坛而已。“社”一名“丛”，便是很好的证据。

《墨子·明鬼篇》曰：“建国营都……必择木之修茂者立以为丛位。”

《六韬·略地篇》曰：“社丛勿伐。”

《战国策·秦策三》曰：“亦闻恒思有神丛与？”

《汉书·陈余传》曰：“又间令吴广之次所旁丛祠中。”（注引张晏说曰：“丛，鬼所凭也。”）

《太玄·聚篇》曰：“示于丛社。”

《急就篇》曰：“祠祀社稷丛腊奉。”

《华阳国志·蜀志》曰：“迄今巴蜀民农时先祀杜主君（案“社”“杜”古通，“杜主”即社主）开明位，号曰丛帝。”

《淮南子·俶真训》“兽走丛薄之中”，注曰：“聚木曰丛。”“丛”与“林”同义，“社”可曰“丛”则亦可曰“林”。“桑林”即“桑社”，所以墨子以宋之桑林与齐之社稷并称，而皇甫谧又称之为桑林之社。因而《尔雅·释诂》“林烝天帝”并训为“君”的意义也可以洞彻了。“丛”“从”取声，字一作“菆”。（《礼记·丧大记》：“欑犹菆也。”《释文》：“菆本亦作丛。”）《说文》：“菆，麻蒸也。”《文选·西征赋》“感市闾之菆井”注曰：“菆井，即渭城卖蒸之市也。”“烝”与“蒸”通。“林”“烝”之义皆与“丛”通，“丛”即社，所以林烝与天帝同类。总之，社必在林中，所以社一曰林；林与社同，所以桑林即桑社了。

我们在前面说桑林是宋的高禖，现在又知道桑林是宋的社——这又给前面的推测加了一个强有力的证据。因为《周礼·禖氏》曰：

中春之月，令会男女。于是时也，奔者不禁。若无故而不用令者，罚之。司男女之无夫家者而会之。……凡男女之阴讼。听之于胜国之社。

我们先讲听阴讼一层。胜国之社，郑注说是“奄（掩）其上而栈其下”的亡国之社。有人疑心这和普通有树木的社不同，似乎不然。《诗·召南·甘棠》传曰：“召伯听男女之讼。”试看《甘棠》后紧接着《行露》，毛公这一说确乎是可靠的。召伯听男女之讼，在甘棠下，甘棠即社木（详下），可知古时媒氏听阴讼的地方——胜国之社，依然是有树木的。总之，媒氏的听阴讼的职务是在社中履行的。这是媒氏与社有关系的佐证。

讲到媒氏的另一项职务，即“令会男女……奔者不禁”一层，你定会联想起《诗经》的《桑中》。你如果又由桑中那地名（或称桑间）联想到桑林之社，那也极其合理。宋、卫皆殷之后，所以二国的风俗相同，都在桑林之中立社；而在名称上，一曰桑林，一曰桑中或桑间，相差也实在太有限了。媒氏所主管的“会男女”的事务，同听阴讼一般，也在社中举行，则媒氏与社的关系又加深一层。因此我们说社神即禖神，而桑林之神即宋之高禖不也加了一重证据吗？

话谈得稍远点，现在可以回到本题了。桑林之神是宋的高禖，而宋是殷后，则宋的高禖实即殷的高禖——亦即他们的先妣简狄。这一层说明白了，我们可将楚云梦之神高唐（阳）氏女禄和宋桑林之神有娀氏简狄比比了。前者住在巫山上，能为云雨；后者住在桑山上，也能为云雨。前者以先妣而兼神禖，后者亦以先妣而兼神禖。前者在《高唐赋》所代表的神话中，后者如玄鸟遗卵的神话所暗示，又都有着淫乱嫌疑的行为。高唐与简狄相同之处也是如此之多。这其间不能没有缘故。

明 陈洪绶 抚琴图

◎ 南宋 赵伯驹（传） 海神听讲图（局部）

九 结论

高唐与涂山、简狄都那样相似，我们屡次讲那必有缘故。读者或许想我的意思是说她们本是一个人。这话是对的，却又不对。若说涂山即简狄，简狄即高唐，那显然是错误的。若说这几个民族最初出于一个共同的远祖（当然是女性），涂山、简狄、高唐，都是那位远祖的化身，那便对了。因此，我们若说姜嫄（或古代其他民族的先妣）也是她的化身，那亦无不可。虽则关于姜嫄的事迹与传说，我们知道的不多，不能和其余几位先妣作更细密的比较。反正几位先妣既然是从某一位先妣分化出来的，我们就不妨将她们各人的许多故事合起来，当作一个人的故事来看——至少为讨论的方便计，不妨这样办。这一层说明了，我们可以开始下总结论了。

在农业时代，神能赐予人类最大的恩惠莫过于雨——能长养百谷的雨。大概因为先妣是天神的配偶，要想神降雨，唯一的方法是走先妣的门路（汤祷雨于桑林不就是这么回事？），后来因先妣与雨常常联想起，渐渐便以为降雨的是先妣本人了。先妣能致雨，而虹与雨是有因果关系的，于是便以虹为先妣之灵，因而虹便成为一个女子。“朝隮”（霓）“朝云”，以及“美人虹”一类的概念便是这样产生的。

但是先妣也就是高禖。齐国祀高禖有“尸女”的仪式，《月令》所载高禖的祀典也有“天子亲往，后妃率九嫔御”一节；而在民间，则《周礼·媒氏》“仲春之月，令会男女”，与夫《桑中》《溱洧》等诗所昭示的风俗，也都是祀高禖的故事。这些事实可以证明：高禖这祀典，确乎是十足地代表着那以生殖机能为宗教的原始时代的一种礼俗。文明的进步把羞耻心培植出来了，虔诚一变而为淫欲，惊畏一变而为玩狎，于是那以先妣而兼高禖的高唐，在宋玉的赋中，便不能不堕落成一个奔女了。

第四章

高唐神女传说之分析补记

杜光庭《墉城集仙录》里有这样一个故事：

云华夫人者，王母第二十三女，太真王夫人之妹也，名瑶姬，受徊风混合万景炼神飞化之道。尝游东海，还过江之上，有巫山焉，峰岩挺拔，林壑幽丽，巨石如坛，平博可玩，留（流）连久之。时大禹理水，驻其山下，大风卒至，振崖谷陨，力不可制。因与夫人相值，拜而求助。即敕侍女授禹策召百神之书，因命其神狂章、虞余、黄魔、大翳、庚辰、童律等（案庚辰、童律二名又见唐人李公佐伪撰《古岳渎经》第八卷。《古岳渎经》亦说禹治水之故事。《路史·余论九》云："虞余、庚辰，案《楚辞》，乃益稷之字。"今《楚辞》无此语），助禹斩石疏波，决塞导阨，以循其流。禹拜而谢焉。禹尝诣之于崇巘之巅。顾盼之际，化而为石，或倏然飞腾，散为轻云，油然而止，聚为夕雨。或化游龙，或为翔鹤，千态万状，不可视也，不知其常也。禹疑其狡怪狯诞，非真仙也。问诸童律。童律口：……云华夫人，金母之女也，昔师三元道君，受《上清宝经》，受书于紫清阙下，为云华上宫夫人，主领教童真之士，理在玉映之台。隐见变化，盖其常也，亦由凝炁成真，与道合体，非寓胎禀化之形，是西华少阴之气也。且气之弥纶天地，经营动植，大包造化，细入毫发，在人为人，在物为物，岂止于云雨龙鹢飞鸿腾凤哉？禹然之。复往诣焉。忽见云楼、玉台、瑶宫、琼阙森然，暨灵官侍卫，不可名识，狮子抱阙，天马启途，毒龙电兽，八威备轩，夫人宴坐于瑶台之上。禹稽首问道。召禹使坐而言曰："……"因令侍女陵容华命出丹玉之笈，开上清宝文以授禹焉。禹拜受而去，又得庚辰、虞余之助，遂能导波决川，以成其功，尊五岳，别九州，而天锡玄珪，以为紫庭真人也。其后楚大夫宋玉以其事言于襄王。王不能访，以道要以求长生，筑台于高唐之馆，作阳台之宫以祀之。宋玉作《神女赋》以寓情，荒淫托词秽芜。高真上仙，岂可诬而降之也？有祠在山下，世谓之大仙。隔峰有神女之石，即所化之身也。复有石天尊神女坛，坛侧有竹垂之若彗。有槁叶飞物着坛上者，竹则因风而扫之，终岁莹洁不为之污。楚世世祀焉。

这里高唐神女简直就是涂山氏。这把上文第七段的推测完全证实了。此外有几个细节似乎得说明一下。（一）所谓"游东海"，盖指会稽。禹娶妻及会诸侯的涂山，旧传也有说是在会稽的。从东海来的云华夫人本是禹自己的发妻，到了巫山，却成陌生人——神话演变中之矛盾性，往往如此，并不足怪。（二）童律说云华夫人"凝炁成真"，又说他是"西华少阴之气"。（西华

◎ 清 冷枚 神仙故事图（局部）

◎ 清 金廷标 瑶池献寿图

似乎是与太华玉女相混了，张衡《思玄赋》云："载太华之玉女兮。"）云华夫人是"气"所变，则"朝云"即"朝脐"（气）又得到一个证据了。（三）我转引《汉书》注引《淮南子》称涂山氏化石，而这里说云华夫人化石——这也是很要紧的一点。（四）《隋书·礼仪志》称梁太庙有石，"文如竹叶"，据陆澄说是孝武时郊禖之石。这里说"石天尊神女坛，坛侧有竹垂之若彗"，与《隋志》所载颇有相似之处，大概石天尊之石亦即效禖之石。果然如此，则我说高唐神女即楚之高禖，更愈加可以成立了。（五）我又说涂山氏即女娲，全部的论证因篇幅的关系，不能拿出，现在还是不能，不过就云华夫人的故事中可以先提出一点来谈谈。《淮南子·览冥训》有女娲积芦灰以止淫水的话，可知古来相传女娲是助禹治水的。云华夫人助禹治水的方法虽神怪化了，但

治水这主干的事实并没变。云华夫人即涂山氏，则女娲亦即涂山氏了。

《集仙录》虽把高唐神女与涂山氏合为一人，但我仍然不主张她们本是一人。我仍然相信她们以及旁的中国古代民族的先妣，都是从某一位总先妣分化出来的——这位总先妣，我从前想或许就是西王母。

《集仙录》上说云华夫人是王母第二十三女，当然是后世道家捏造的谱系，但说不定这个谎给他们撒得几分对了。最后有一件事，也是前次想到而未敢说出的，现在得了《集仙录》这点儿新材料，我才感觉把握较多点儿。我想“涂”“社”古音近，“涂”或即“社”的音变，而“涂山”实即“社山”。“高唐”即“郊社”，上文已经说过。现在我们又可以说“涂”“唐”“社”都是一声之转了。

◎南宋　赵伯驹　瑶池高会图（局部）（下页同）

第五章

神仙考

一 神仙思想之发展

大多数铜器铭文的最大共同点，除了一套表示虔敬态度的成语外，就是祈眉寿一类的嘏辞。典型的儒家道德观念的核心也是个“敬”字，而《洪范》五福第一便是寿。这表明以“寿”为目的，以“敬”为手段，是古代人生观最大特色。这观念的背景是什么？原来“敬”“惊”“儆”最初只是一字，而“祈眉寿”归根无非是“救命”的呼声。在人类支配环境的技术尚未熟练时，一个人能不死于非命，便是大幸，所以嘏辞又曰“霝冬”，《诗》曰“令终”，五福之五曰“考终命”，皆以善终为福。曰“眉寿”，曰“令终”，可见那时的人只求缓死，求正死，不作任何非分之想。

◎清 佚名 缂丝群仙拱祝图（局部）

◎ 宋 佚名 仙岩寿鹿图（局部）

《诗》及嘏辞又曰“祈黄发”“祈黄耉”，这又表明人为求缓死而准备接受缓死的条件。他说：既然死可缓而老不可却，那就宁老而勿速死。横竖人是迁就天的，大概当时一般中国人都这样想。唯独春秋时齐国及其邻近地带的人有些两样，而提出了“难老”的要求：

以旂眉寿，需命，难老。（《齐𥂕盘》）

用旂眉寿，需命，难老。（《齐叔夷镈》）

用旂丐眉寿，其万年，需冬，难老。（《殳季良父壶》）

永锡难老。（《鲁颂·泮水》）

然而曰“难老”而不曰“不老”，措辞总算有些分寸，这样事实上也还相对的可能。若想到“不死”，如：

齐侯（景公）至自田，晏子侍于遄台……饮酒乐，公曰：“古而无死，其氏若何？”（《左传·昭公二十年》）

用旂寿老毋死。（“齐𬭚镈”）

那就近乎荒唐了。景公酒酣耳热，一时失言，犹可原谅。“齐𬭚镈”则是宗庙的祭器，何等严重，何以铭词中也载着这样的怪话？怪话何以又专出自齐人之口呢？学者必联想到战国时齐国的方士，以及一般人所深信的“神仙说”出于齐地的观念，因而断定这“不死”观念即“神仙说”之滥觞。至于“神仙说”何以产生在齐，则大家似乎已经默认了，是由于齐地滨海，海上岛屿及蜃气都是刺激幻想的对象。这两说都有相当的是处，但都不免把问题看得太简单了。实则春秋时的“不死”观念不曾直接产生战国时的“神仙说”，齐国（山东半岛）也并非神仙的发祥地，因之海与神仙亦无因果关系。齐之所以前有“不死”观念，后有“神仙说”，当于其种族来源中求解答。

齐姜姓，四岳之后，春秋有姜戎，自称亦四岳之后，看来齐与姜戎本是同种。同姓之国，或在诸夏，或在四夷，这种情形在春秋时太寻常了。但遇到这种情形时，有一问题不易回答，即：此种氏族的共同祖先，本属诸夏集团呢，还是夷狄集团？以姜姓为例，也许姜戎是夷化了的诸夏，也许齐、吕、申、许、向、纪、州、鄣、厉等是华化了的夷狄。按普通的想法，似乎倾向前说者居多。实际上，后说的可能性一样大。周人所谓戎，本是诸异族的大名。以血族言，一部分西戎是羌族。“姜”“羌”一字，或从“女”，或从“人”，只性别不同。因之种名从“人”、姓氏从“女”，实质上也没有分别。周与羌族世为婚姻，弃母姜嫄，太王娶太姜，武王娶邑姜，皆羌族女。参与牧野之战的“西土之人”中的羌，大概就是武王的外家，而太公很可能就是他们的君长。太公以宗亲，兼伐纣有大功，受封于吕，这是这支羌人内徙与华化的开端。后来太公的儿子丁公，又以平蒲姑有功，领着一部分子姓就地受封，都于营邱，是为齐国。蒲姑是商世大国，东方文化的一个中心。丁公的子孙世居其地，华化的机会更多了。齐之内迁与华化，其事和他同姓的申同类。《逸周书·王会篇》有西申，次在氐羌之前，应该也是羌族，南阳的申国即其种人之内徙而华化者。《大荒北经》“有北齐之国，姜姓，使虎豹熊罴”，此齐人之留在夷狄者。齐有北齐，申有西申，可证其先皆自夷狄迁来，本不属于诸夏集团。至于姜戎之逼处华夏而迟迟未被华化，则又似与莱人同类。莱亦姜姓，大概是和丁公同搬到东方的一支羌族，不知为什么和丁公决裂了，被摒弃在海滨，许久未受诸夏同化。同一种姓，或同化，或不同化，这许多原因中，婚姻许是一个最重要的因子。齐、申皆周室的宗亲，故同化的时期早而程度深，莱、姜戎不与诸夏通婚，故终春秋之世未被同化。

由上观之，齐人本为西方的羌族，大致不成问题。现在我们就根据这点来探寻他们那“不死”观念的来源。

《墨子·节葬下篇》曰：

> 秦之西有仪渠之国者，其亲戚死，聚柴薪而焚之，熏上，谓之登遐。

仪渠即义渠，当是羌族，《吕氏春秋·义赏篇》曰：

> 氐羌之民，其虏也，不忧其系累，而忧其死不焚也。

并可证。以上所说都是火葬，火葬的意义是灵魂因乘火上天而得永生，故古书所载火葬俗流行的地方，也是“不死”传说发生的地方。今甘肃、新疆一带，正是古代羌族的居地，而传说中的“不死民”“不死之野”“不死山”“不死树”“不死药”等也都在这里。很可能齐人的“不死”观念是当初从西方带进来的。

但火葬所代表的“不死”，与“不死民”等传说的“不死”，大有分别。火葬是求灵魂“不死”。灵魂“不死”的先决条件，是“未来世界”的存在——一个远较这现实世界为圆满的第二世界，人死后，灵魂将在那里永恒地生存着、享乐着。又基于一种先决的事物对立观念，认为灵魂与肉体是相反相妨的，所以他们又想到非毁尽肉体，不足以解放灵魂，于是便产生了焚尸火葬的礼俗。《后汉书·西羌传》称其人：

以战死为吉利，病终为不祥。

这也是很重要的材料。“吉利”大概即灵魂能“升天”之意。这可见他们因为急于要灵魂“上天”，甚至等不及老死，就要乘机教人杀死自己，好把躯体割断，让灵魂早早放出来。这与后来“不死民”等传说的灵肉合一、肉体“不死”，即灵魂“不死”的观念，相差太远了。但这种“不死论”，比起齐人的“不死论”，已经算玄虚的了。齐人所谓“不死”，当然是纯粹的肉体“不死”；灵魂的“死”与“不死”，甚至灵魂的有无诸问题，他们似乎不曾注意。然而比较起那以殷民族为代表的东方诸土著民族来，这自西方移来的客籍齐人，又太嫌古怪了。依东方人说，人哪有不死的道理？齐人真是妄想。至于肉体可随着灵魂而“不死”，或肉体必须毁尽而后灵魂乃能永生一类观念，那更是不可思议了。土著东方人与齐人之间是一条鸿沟。齐人与其老家的西方人比较相近。同是奢望，是痴想，是浪漫的人性不甘屈服于现实的表示，西方人前后两种“不死观”，以及齐人的“不死观”，只是程度深浅不同而已。非肉体死不足使灵魂生这种说法，本是违反人性的，其不能行通而卒变为肉体与灵魂同生，乃是必然的趋势。肉死灵生的极端派一旦让步而变为灵肉同生的中和派，便根本失了唯灵论的立场。唯灵论的立场既经失去，便不难再让一步而成为齐人的纯肉“不死论”。加上内徙后的齐人，受了土著东方人的同化，其放弃灵魂观念的可能自然更大了。

上文我们说明了齐人本是西方迁来的羌族，其“不死”观念也是从西方带来的。但西方所谓“不死”本专指灵魂，并主张肉体毁尽，灵魂才得永生。这观念后来又演变为肉体与灵魂并生。齐人将这观念带到东方以后，特别因为当地土著思想的影响，渐渐放弃了灵魂观念，于是又演变为纯粹的肉体“不死”。齐人内徙日久，受同化的程度应当愈深，按理没有回到唯灵原则下的各种“不死论”的可能。然而事实上，战国初年燕、齐一带突然出现了神仙传说——所谓神仙者，实即因灵魂“不死”观念逐渐具体化而产生出来的想象的或半想象的人物（解释详下）。这现象也很怪。灵魂“不死论”本产生在西方，难道这回神仙传说之出现于燕、齐，也是从西方来的吗？对了，这回是西方思想第二度访问中国。神仙的老家是在西方，他的习惯都是西方的，这些在下文讨论神仙说及其理论与技术时，随时随地都是证据，现在我们只举一个最鲜明的例来做个引子。据后来汉武帝求神仙时屡见大人迹及司马相如《大人赋》推之，秦始皇时因临洮见大人而铸的“金人十二”，其实是十二位仙人的造像，难怪唐诗人李贺误秦皇的金人为汉武承露盘的仙人，而作《金铜仙人辞汉歌》。这十二位仙人，据《汉书·五行志》说“皆夷狄服”，可见始皇时还知道真正老牌的仙人是西域籍。我们不但知道神仙来自西方，并且知道他是从哪条道路来的。六国、秦时传播神仙学说及主持求仙运动的方士，据现在可考的，韩、赵、魏各一人，燕六人，齐二人。这不是分明指出了神仙说东渐的路线吗？那时方士的先头部队刚到齐，大队人马则在燕，到汉武时全体都到达齐了，所以当时的方士几乎全是齐人。由此我们可以推想，在较早的时候，大队恐怕还在三晋；并且时代愈早，大队的行踪愈偏西。《晋语九》：“赵简子叹曰：‘雀入于海为蛤，雉入于淮为蜃，鼋鼍鱼鳖，莫不能化，唯人不能，哀夫！’窦犨侍曰：‘臣闻之，君子哀无人，不哀无贿；哀无德，不哀无宠。哀名之不令，不哀年之不登。’”注：“登，高也。”至于神仙思想所以终于在齐地生根了，那自然因为这里的“不死”思想与它原是一家人，所以他一来到便感着分外融洽和亲热，而乐于住下了。这与齐之地势滨海毫无关系。神仙并不特别好海。反之，他们最终的归宿是山——西方的昆仑山。他们后来与海发生关系，还是为了那海上的三山。其实连这也是偶然的，即使没有那海上三山，他们还是要在这里住下的。总之，神仙思想是从西方来的，它只是流寓在齐地因而在那里长大的，并非生在齐地。齐地的“不死”思想并没有直接产生神仙思想，虽则它是使神仙思想落籍在齐地的最大吸引力。因此，海与神仙并无因果关系，三山与神仙只是偶然的结合而已。

二 神仙说及其理论与技术

上文讲神仙是随灵魂“不死”观念逐渐具体化而产生的一种想象的或半想象的人物，这可从火葬得到证明。上引《墨子·节葬下篇》说义渠风俗“亲戚死，聚柴薪而焚之，熏上，谓之登遐”。“登遐”，刘昼《新论·风俗篇》作“升霞”，《太平广记》引《博物志》作“登霞”。据此，则“遐”当读为“煆”，本训火焰，因日旁赤光，或赤云之似火者谓之霞，故又或借霞为之。登霞的本意是火化时灵魂乘火上升于天。这名词传到中国后，有两种用法。一是帝王死谓之登霞，二是仙人飞升谓之登霞。帝王死后有“升天”的资格，是中国自古相传的观念，现在借用西方登霞的名词以称帝王之死，倒顶合适的。至于仙人飞升称“登霞”，则无所谓借用，因为飞升与火化本是一回事。仙人飞升是西方传来的故事，“登霞”当然也是用的西方的名词。《远游》曰：

载营魄而登霞兮，掩浮云而上征。

“营魄”即魂魄，既曰“载魂魄”，又曰“登霞”，与火葬的意义全合。《列仙传》称啸父既传其“作火法”于梁母，“临上三亮山，与梁母别，列数十火而升”；又师门“亦能使火”，死后，“一旦风雨迎之，讫则山木皆焚”。这些仙人的故事，都暗示着火化的意味。又云赤松子：

能入火自烧，往往至昆仑山上……随风雨上下。

证以《远游》亦称赤松子“化去而不见”，这期间火化的痕迹也颇鲜明。至于宁封子的传说，则几乎明白承认是火葬了：

宁封子者……世传为黄帝陶正，有“神”人过之，为其掌火，能出五色烟，久则以教封子。封子积火自烧，而随烟气上下。视其灰烬，犹有其骨，时人共葬于宁北山中，故谓之宁封子焉。

又《史记·封禅书》称燕人宋毋忌等：

为方仙道，形解销化，依于鬼神之事。

“形解销化”，据服虔说即“尸解”；而《索隐》曰：“《白泽图》云‘火之精曰宋毋忌’，盖其人火仙也。”“尸解”而成“火仙”，大概也是火化的变相的说法。又张晏曰：“人老，如解去故骨，则变化也。今山中有龙骨，世人谓之龙解骨化去也。”如张说，则宋毋忌之“形解销化”，是形化而骨留，与宁封子之烧后灰烬中有遗骨正合——无疑这就是仙家尸解中之“火解法”的来源。尸解的另一种方法是“兵解”。上引《后汉书》称西羌人“以战死为吉利，病终为不祥”，大概战死者躯体破碎，灵魂得以立时逃出而升天，所以吉利；病死者躯体完整，灵魂被困在内，迟久不得自由，所以不祥。如此说来，“兵解”乃是由战死吉利的观念蜕化来的一种飞升的手段。火解、兵解，总共谓之“尸解”，正是解开尸体、放出灵魂的意思。然则所谓“神仙”，不过是升天了的灵魂而已。“仙”字本作“僊”，《说文》“䙴，升高也”，即“䙴”字。“僊”字本是动词，先秦典籍中皆如此用。升去谓之“僊”，动词名化，则升去了的人亦谓之“僊”。西方人相信天就在他们那昆仑山上，升天也就是升山，所以“僊”字别体作“仙”——正是依照西方人的观念所造的字。人能升天，则与神一样，长生，万能，享尽一切快乐，所以仙又曰“神仙”。升天后既有那些好处，则活着不如死去。因以活着为手段、死去为目的，活着的肉体是暂时的，死去所余的灵魂是永久的，暂时是假的、永久是真的，故仙人又谓之“真人”。这样看来，神仙乃是一种宗教的理想。凡是肉体能死、死而能毁的人，灵魂便能升天而成仙。“仙”在最初并不是一种特殊的人，只是人生活中的一个理想的阶段而已。既然人人皆可成仙，则神仙思想的基本原则是平等。因此我们知道为什么春秋时代的齐国，虽有“不死”观念，但不能发展为神仙思想，只因封建阶级社会下，是不容平等思想存在的。到战国时封建制度渐渐崩溃，所以建筑在平等原则上的神仙思想可以乘机而入，以至逐渐繁盛起来。

上文已说过，“登霞”是由火化时灵魂乘烟霞上天而得来的观念，故《远游》曰：“载营魄而登霞兮。”（“营”与“魂”通）魂的特性是游动不定，故一曰游魂。《易·系辞上传》“游魂为变”，韩康伯注曰：“游魂，言其游散也。”《白虎通·性情篇》曰：“魂犹伝伝也，行不休也。”行不休即游魂之义。仙人登霞，本是从灵魂上天而游行不休产生的观念，所以仙人飞升后最主要的活动是周流游览。游是愈远愈妙，《楚辞》所载著名的咏仙人的文章以“远游”名篇，固是很明显的例子，而最具体、最有趣的莫如《淮南子·道应训》所述卢敖的故事：

卢敖游乎北海，经乎太阴，入乎玄阙，至于蒙毂之上，见一士焉，深目而玄鬓，泪注而鸢肩，丰上而杀下，轩轩然方迎风而舞，顾见卢敖，慢然下其臂，遁逃乎碑（崥）〔下〕。卢敖就而视之，方倦（踡）龟壳而食蛤蜊。卢敖与之语，曰：“唯！敖为背群离党，穷观于六合之外者，非敖而已乎？敖幼而好游，至长而不渝〔解〕（懈），周行四极，唯北阴之未窥。今卒睹夫子于是，子殆可与敖为友乎？”若士者龤然而笑曰：“嘻！子中州之民，宁肯而远至此。此犹光乎日月而载列星，阴阳之所行，四时之所生，其比夫不名之地，犹窔奥也。若我南游乎冈㝗之野，北息乎沉墨之乡，西穷窅冥之党，东开（贯）鸿蒙之先，此其下无地而上无天，听焉无闻，视焉则无瞩。此其外犹有汰沃之汜，其余一举而千万里，吾犹未能之在。今子游始于此，乃语穷观，岂不亦远哉？然子处矣！吾与汗漫期于九垓之外，吾不可以久驻。”若士举臂而竦身，遂入云中。卢敖仰而视之，弗见。乃止驾，〔心〕柸治（不怡），悖若有丧也，曰：“吾比夫子，犹黄鹄与壤虫也，终日行不离咫尺，而自以为远，岂不悲哉？”

此外《庄子》书中每讲到至人、神人、真人、大人（皆仙人的别名）如何游于六合之外、无何有之乡。《淮南子》也是如此，并且说得更有声有色。汉以来关于仙人的辞赋诗歌，几乎全是讲他们漫游的生活，晋、唐人咏仙人诗多称“游仙诗”。游必须舆驾，所游的地方是天空，所以，以龙为马，以云霓彗星之类为旌旗。有舆驾，还得有仪卫，这是由风雨雷电，以及其他种种神灵鬼怪组成的，此之谓“役使鬼神”。

神仙思想之产生，本是人类几种基本欲望之无限度的伸张，所以仙家如果有什么戒条，都只是一种手段，暂时节制，以便成仙后得到更大的满足。在原始人生观中，酒食、音乐、女色，可谓人生最高的三种享乐。其中酒食一项，在神仙本无大需要，只少许琼浆玉液，或露珠霞片便可解决。其余两项，则似乎是他们那无穷而闲散的

◎ 清 许良标 仙人图（局部）

岁月中唯一的课业。试看几篇典型的描写仙人的文学作品，在他们那云游生活中，除了不重要的饮食外，实在只做了闻乐与求女两件具体的事。有时女与乐分为二事，如《惜誓》既：

载玉女于后车，

“以侍栖宿”（据王逸说），又：

……至少原之野兮，赤松、王乔皆在旁，二子拥瑟而调均兮，余因称乎清商。

但往往是二者合为一事，如《远游》：

祝融戒而还衡兮，腾告鸾鸟迎宓妃；使湘灵鼓瑟兮，令海若舞冯夷。张《咸池》奏《承云》兮，二女御《九韶》歌。玄螭虫象并出进兮，形蟉虬而逶蛇；雌蜺便娟以增挠兮，鸾鸟轩翥而翔飞。音乐博衍无终极兮，焉乃逝以徘徊。

这便叫作“快活神仙”！

现实生活既只有暂时的、不得已的过渡作用，过渡的期程自然能愈缩短愈好。所以性急的人，不免要设法自动地解决这肉体的障碍，好叫灵魂马上得到自由。手段大概还是火解与兵解，方法却与以前不同。以前火解是死后尸体被人焚掉，兵解也是躯体被人砍断。现在则是自焚自砍，合共可以称为“自解”。有了这种实行自解的人以后，仙的含义便为之大变，从人生活过程上的一个理想阶段的名称，变为采取一种超绝的生活形态的人的名称。这新含义就是现在通用的“仙”字的意义。

不知何时，人们又改变了态度，不大喜欢那单凭一场火、一把剑送灵魂上升的办法了。他们大概对目前肉体的苦痛，渐渐感着真实起来，虽则对未来灵魂的快乐，并未减少信心，于是渐渐放弃了那自解的“顿”的办法，而采用了种种修炼的“渐”的办法。肉体是重浊的，灵魂是轻清的。但未始不可以设法去浊存清以变重为轻——这样肉体不就改造成灵魂了吗？在这假定的原则之下，便产生了各种神仙的方术，从事于这些方术的人便谓之方士。

最低级的方术，是符咒祠醮一类的感召巫术——无疑这些很早就被采用了。这可称为感召

◎ 元 颜辉 李仙像（局部）

派。比感召高一等的是服食派。凡是药物，本都具有，或被想象为具有清洁作用。尤其植物（如菊、术等）的臭味，矿物（如玉、黄金、丹砂等）的色泽，都极容易联想到清洁，而被赋予消毒除秽诸功能。少见而难得与形状诡异的自然物品（如芝菌、石乳等），都具有神秘性，也往往认为有同样效验。由于早就假定了浊与重为同一物质的两种德行，因之除秽便等于轻身，所以这些东西都成为“仙药”了。加之这些东西多生于深山中，山据说为神灵之所在，这些说不定就是神的食品，人吃了，自然也能乘空而游，与神一样了。最初是于日常饮食之外，加服方药，后来许是有人追究过肉体所以浊重的原因，而归咎于肉体所赖以长成的谷类，恰巧被排泄出来谷类的渣滓，分明足以为其本质浊秽的证验——于是这人便提倡只食药、不食谷的办法，即所谓“辟谷法”。

但是最好的轻身剂恐怕还是气——本质轻浮的气。并且据说万物皆待气以生存；如果药物可以使人身轻，与其食药物，何如食药物所赖以生存的气，岂不更为直截、更为精要？所以在神仙方术中，行气派实是服食派进一步的发展。观他们屡言“食气”，可见气在他们心目中，本是食粮的代替品，甚至即食粮本身。气的含义在古时甚广，除了今语所谓空气之外，还包括比空气具体些的几种物质。以前本有六气的说法——阴、阳、风、雨、晦、明，现在他们又加以整齐化、神秘化，而排列为这样的方式：

春食朝霞，朝霞者，日始欲出赤黄气也。秋食沦阴，沦阴者，日没以后赤黄气也。冬饮沆瀣，沆瀣者，北方夜半气也。夏食正阳，正阳者，南方日中气也。并天地玄黄之气，是为六气也。（《楚辞·远游》注引《陵阳子明经》）

玄与黄是近天与近地的空气，正阳即日光，依他们的说法可称光气；沆瀣即露水，可称水气；朝霞沦阴即早晚的云霞，是水气与光气的混合物。先秦人对于气是否有这样整齐的分类，虽是疑问，但他们所食的气，总不外这几种。

食气的方法，就是在如上面所指定的时刻，对着太阳或天空行深呼吸，以“吐故纳新”；同时身体还做着“熊经鸟伸，凫浴猿蠼，鸱视虎顾”等等姿态的活动，以助呼吸的运用。用术语说，这种呼吸谓之“行气”，活动谓之“导引”。行气后来又称“胎息”，实是一种特殊的呼吸方法的名称。“导引”不但是辅导气流的运转，还可以训练肢体，使之轻灵矫捷，以便于迎风自举。这后一种目的，大概后来又产生了一种专门技术，谓之“乘蹻”。“胎息”与“乘蹻”发展（毋宁是堕落）到某种神秘阶段，都变成了魔术，于是又和原始的巫术合流了。以上是导引派及其流变。

新气既经纳入，还要设法固守，不使它泄散。《玉秘铭》曾发挥过这派守气的理论：

行氣（气）实（居）则適，適则神，神则下，下则定，定则固，固则明，明则涨，涨则遉（优），遉则天，天丌（其）沓才（在）上，墬（地）丌（其）沓才（在）下，巡（顺）则生，逆则死。

大约是在守气论成立以后，行气派又演出一条最畸形的支流。上文说过气有水气，水可称气，则人之精液也是气了——这样儿戏式地推论下来，便产生了房中派的“还精补脑”的方术。原来由行气到房中，正如由服食到行气一般，是一贯的发展，所以葛洪说：

服药虽为长生之本，若能兼行气者，其益甚速……然又宜知房中之术，所以尔者，不知阴阳之术，屡为劳损，则行气难为力也。（《抱朴子·至理篇》）

这里虽只说长生，但最终目的还是飞升，下文有详细的说明。

神仙的目的是飞升，而飞升的第一要素是轻身。照上面那些方案行来，相对的轻身的效果是可以担保的。尤其辟谷而兼食气，如果严格实行起来，其成效可想而知。所以司马相如说：“列仙之传，居山泽间，形容甚臞。”形容臞瘦，自然体重减轻了。然而要体重减轻到能飞的程度，还是不可能，除非在某种心理状态之下，你一意坚持着要飞，主观的也就不难，果真飞上去了。在生理状态过度失常时——如胃脏中过度的空乏，或服进某种仙药后过度的饱厌，等等情况之下，这种惬意的幻觉境界并不难达到。上述那催眠式的法术，他们呼作“存想”。

无论各种方术，历经试验后，功效有限。即令有效，对于高贵阶级的人们，尤其那日理万机的人主，太不方便。最好还是有种“顿”的手段，一经使用，便立时飞去。大概是为供应这类人的需求，那一服便仙的神丹大药，才开始试造的。

◎ 明 吴彬 五百罗汉图（局部）（下四页同）

第六章

司命考

◎金 张珪 神龟图（局部）

一 从空桑说起

从《大司命》“逾空桑兮从女”一语，我们猜着司命就是帝颛顼之佐，玄冥。

考颛顼的统治地区是空桑。《吕氏春秋·古乐篇》：“帝颛顼生自若水，实处空桑。”这是明证。又《淮南子·本经训》“共工振滔洪水，以薄空桑”，和《史记·律书》“颛顼有共工之陈（阵）以平水害”，所讲的都是颛顼与共工争帝的故事。《淮南子》所谓“薄空桑”即伐颛顼，因为空桑是颛顼的居地。“空桑”一作“穷桑”，《路史·后纪八》引《尚书大传》：“穷桑，颛顼所居。”玄冥是颛顼之佐，所以他的居地也是空桑或穷桑。《左传·昭公二十九年》蔡墨曰：“修及熙为玄冥，世不失职，遂济穷桑。”《九叹·远逝》：“考玄冥于空桑。”这些又是玄冥居空桑的确证。歌曰：“逾空桑兮从女。”又曰：“导帝之兮九坑。”我们疑心司命即玄冥，所导之帝即帝颛顼。

◎ 元 佚名 释迦三尊图（局部）

二 虚北二星

《史记·天官书》曰：“北宫玄武：虚，危。”这是五行说应用到天文学上，将“虚”“危”二星派作北方帝的分星。虚既是北方帝的分星，而北方帝是颛顼，所以虚又名颛顼之虚。(《尔雅·释天》：“颛顼之虚，虚也。”）但我们猜想，在天上既有星代表着颛顼，可能也就有星代表着作为颛顼之佐的玄冥。经过研究，我们才知道，这星有是有的，不过它不是以玄冥的名字出现，而是以司命的名字出现的。《月令》疏引熊氏转引石氏《星经》，和《开元占经·甘氏中宫占篇》引甘氏《星经》都说“司命二星在虚北”，这靠近“虚”，即靠近颛顼的司命二星，无疑就是玄冥。

虚北的司命二星和另外的司禄二星、司危二星、司非二星，共总称为“四司”。《开元占经·甘氏中宫占篇》引《甘氏赞》曰：“四司续功，采麻襄鹿。”四司的采麻和《大司命》的“折疏麻兮瑶华”，应该是一回事。虽则关于司命与麻的关系的详情，我们还没获得充分的资料来予以说明。

三 冬与阴阳

五行系统中，北方帝主冬，《淮南子·天文训》：“北方，水也，其帝颛顼，其佐玄冥，执权而治冬。”冬的特征，据《月令》仲冬之月，说是“日短至，阴阳争，诸生荡”。所以“君子斋戒，处必掩，身欲宁……以待阴阳之所定”。这是说：冬至后，时而阴盛，时而阳盛，动荡不定，所以要“待阴阳之所定”。《大司命》的“一阴兮一阳”是以冬日的时阴时晴，变化无常，来象征阴阳二气动荡不定的状态。他说这现象是他“所为”的，正因为他是颛顼之佐，而颛顼是治冬的。

因为颛顼所主治的季节是冬，地区是属于虚星的分野的北方，所以虚星和冬，在五行家的概念中便发生了联系。《史记·律书》：“虚者，能实能虚，言阳气冬则宛藏于虚，日冬至，则一阳下藏，一阴上舒，故曰虚。”这样解释“虚”字的意义，是否正确，是另一问题；但以阴阳变化来说明颛顼的星名、“虚”字的含义，这和佐颛顼的大司命（玄冥）自称其行为为“一阴兮一阳”，倒是十分吻合的。

四 由空桑到九冈

《大司命》曰“逾空桑兮从女”，又曰“导帝之兮九坑”，旧校引《文苑》，“坑”作“冈”，“冈”是正字。“空桑”与“九冈”都是山名。这两座山究竟在哪里呢？

古代地名“空桑”的不止一处，但最初颛顼所统治的空桑当在北方。《北山经》：“空桑之山，无草木，冬夏有雪，空桑之水出焉，东流注于虖沱。”郝懿行说它当在赵代间，大概是对的。我们以为颛顼所居的就是这个空桑。

《左传·昭公十一年》：“楚子灭蔡，用隐太子于冈山。”冈山，杜预《释例》只说它“必是楚地山”，而不能确指其地处。我们以为就是九冈山，王逸《机赋》：“逾五岭，越九冈。”

《古今图书集成》《方舆汇编》《职方典》《荆州府部》《山川考·二之五》，松滋县“九冈山，去县治九十里，秀色如黛，婉蜒虬曲”。《舆地□□》：“荆州松滋县有九冈山，郢都之望也。”我们猜想楚祖颛顼的庙就在这山上，所以他们灭了敌国之后，就到这里来，用那最隆重的人祭的典礼，告庙献俘。本篇的九冈就是《左传》的冈山，“导帝之兮九冈”，帝即颛顼，前面已经证明过。

近代学者们早就疑心楚人是从北方迁徙到南方来的。大司命“逾（越了）空桑”之后，又“导帝之兮九冈”，这不只反映了颛顼的族人由北而南的移植的事实，而且明确地指出了那趟路程。

◎ 南宋 赵大亨 蓬莱仙会图（局部）

第七章

端午考

一 龙的节日

现存及记载中端午的特点（包括风俗与传说），有一点最当注意，那便是和龙有关的节目极多。最明显的（一）龙舟竞渡，不用讲。和竞渡同等重要的一个节目（二）吃粽子，据说也和龙有一段交涉。

《艺文类聚·四》引《续齐谐记》："屈原五月五日自投汨罗而死，楚人哀之，每至此日，辄以竹筒贮米，投水祭之。汉建武中，长沙欧回，白日忽见一人，自称三闾大夫，谓曰：'君常见祭，甚善。但常所遗，苦为蛟龙所窃。今若有惠，可以楝树叶塞其上，以五彩丝缚之。此二物，蛟龙所惮也。'回依其言。世人五日作粽，并带五色丝及楝叶，皆汨罗之遗风也。"

《荆楚岁时记》："端午……以菰叶裹黏米，谓之角黍。……或云亦为屈原，恐蛟龙夺之，以五彩线缠饭投水中，遂袭云。"

《记纂渊海·二》引《岁时记·尔雅翼·一八》引作："屈原以夏至日赴湘流，百姓竞以食祭之，常苦为蛟龙所窃，以五色丝合楝叶缚之。"

《太平寰宇记·一四五》引《襄阳风俗记》："屈原五月五日投汨罗江，其妻每投食于水以祭之。原通梦告妻，所祭食皆为蛟龙所夺。龙畏五色丝及竹，故妻以竹为粽，以五色丝缠之。今俗其日皆带五色丝食粽，言免蛟龙之患也。"

夺粽子的不是鱼鳖，而单说蛟龙，必有某种传说的背景，不能仅仅说因粽子是投到水里的，便自然联想起蛟龙。此外还有些已经死去，而仅见于记载的风俗，也牵涉到龙，例如（三）扬州以端午日铸盘龙镜：

《锦绣万花谷前集·四》引《异闻集》："天宝中，扬州进水心镜，背有盘龙。先有老人自称姓龙名护，至铸镜所，三日开户，已失所在。镜匠吕辉移炉置船，以五月五日于扬子江心铸之，背龙颇异。后大旱，祠龙，乃大雨。"

（四）并州因"龙忌"日，作寒食，纪念介子推：

《后汉书·周处传》："太原旧俗以介子推焚骸，有龙忌之禁，至其亡月，咸言神灵不乐举火，由是士民每冬日辄一月寒食，莫敢烟爨。"

但也有在五月五日举行的：

◎ 元 吴廷晖 龙舟夺标图（局部）

《艺文类聚·四》引《琴操》："介子绥（推）……抱木而烧死，文公令民五月五日不得发火。"

《书钞·一五五》引《邺中记》："并州俗以介子推五月五日烧死，世人为其忌，故不举饷食。"

而且介子推的故事中又有《龙蛟歌》，其词见于《吕氏春秋·介立篇》。北方关于端午的传说尽管和南方不同，它所暗示与龙的关系，却是一样的，说详下。

（五）相传用守宫制成的一种保证贞操的秘药，是在端午日制的：

《古今合璧事类备要前集·一六》引捕守宫："汉武帝时，以端午日取蜥蜴置之器，饲以丹砂，至明年端午捣之。以涂宫人臂，有犯则消没，不尔则如赤痣，故得守宫之名。"

而守宫一名龙子，这也昭示着端午和龙的因缘。最后（六）端午日还有鱼变为龙的传说。

《水经注》："如深水有异鱼。按正光元年五月五日，天气清爽，闻池中鎗鎗若钲鼓声，池水惊而沸。须臾雷电晦冥，有五色蛇自池上属于天，久之乃灭。波上水定，惟见一鱼在，其一变为龙。"

根据以上六个事例的启示，我们不妨就假定端午这节日的起源和龙有着密切的关系，并根据这前提，来对它的发展与意义开始加以推测。但在确立前提以前，对于那些庞杂的端午传说，我们最好再检点一番，看它们能否再为我们在建立那前提的工作中，添加点依据；抑或显出十分矛盾的现象，使我们的前提根本不能成立。杜台卿在《玉烛宝典·卷五》叙述端午的风俗时，屡次暗示这节日起源于南方。他说"菹龟蒸鲃，南方妨（疑好）食水族耳，非内地所行"，又说"南方民又竞渡，……在北舳舻既少，罕有此事"，又引《吴歌》"五月节，菰生四五尺，缚作九子粽"，并说道"计止南方之事，遂复远流北土"。杜氏的观察，我们完全同意，并且还可以帮他提供一个证据。关于端午的起源，上面我们已经提到两种不同的说法，一是屈原，一是介子推。实则传说的分歧，尚不止此。又一说暗示这节日是起源于伍子胥的。

《世说新语·捷悟篇》注引《会稽典录》："孝女曹娥者，上虞人，父盱，能抚节安歌，婆娑乐神，汉安二年五月五日，于县江迎伍君神，溯涛而上，为水所淹，不得其尸。”

《曹娥碑》：“孝女曹娥者，上虞曹盱之女也。盱能抚节按歌，婆娑乐神，以汉安二年五月时，迎伍君，逆涛而上，为水所淹。”（《古文苑·八》）

还有说是起于越王勾践的。

《记纂渊海·二》引《岁时记》：“越地传云竞渡起于越王勾践。”

以上四说究竟哪一说可靠，或都不可靠，暂时不必管，我们应注意的是传说的地域分布，四分之三（屈原、伍子胥、勾践）属于南方，这和竞渡与吃粽子两个主要节目的地方性正相符合，因为竞渡与粽子的先决条件，显然是多河港与产稻米，而这二者恰好都是南方的特色。再就三说看，其中三分之二又是属于吴、越的（伍子胥、勾践），而铸水心镜的扬州，也属于这个区域，这点消息也是值得玩味的。书传中关于端午的记载，最早没有超过东汉，而事实上吴、越一带的开辟也是从这时开始的。因此我们可以推测，端午可能最初只是长江下游吴、越民族的风俗；自从东汉以来，吴、越地域渐被开辟，在吴、越文化与中原文化的对流中，端午这节日才渐渐传播到长江上游，以及北方各地。这是一个合理的推测，详细的论据，等下文再陈说，暂时我们只想借它为出发点，来再测验一下端午与龙的关系。如果我们能证明吴、越与龙有某种不可分解的关系，那么我们前面所拟定的前提，即端午的起源与龙有着密切关系的前提，便果真可以成立了。

古代吴、越都是断发文身之国，这是大家熟习的事实。

《吴越春秋·阖闾内传》：“越在东南，故立蛇门以制敌国。吴在辰，其位龙也，故小城南门上反羽（宇）为两鲵鱙，以象（像）龙角。越在巳地，其位蛇也，故南大门上有木蛇北向首内，示越属于吴也。”

文身之文本是“龙文”：

《淮南子·泰族训》许慎注：“越人以箴刺皮为龙文，所以为尊荣之也。”

其目的在“象（像）龙子”，以避蛟龙之害：

《说苑·奉使篇》："诸发曰：'彼越……处海垂之际，屏外蕃以为居，而蛟龙又与我争焉，是以剪发文身，烂然成章，以象（像）龙子者，将避水神也。'"

《汉书·地理志下》应劭注："（越人）常在水中，故断其发，而文其身，以象（像）龙子，故不见伤害也。"

所谓"象（像）龙子"者，我认为是这些民族以龙为图腾的遗迹，前著《从人首蛇身像谈到龙与图腾》一文中有详细讨论。据《郑语》载史伯之说，祝融之后八姓中有芈姓，而越是芈姓四国之一。祝融前文已证明即烛龙。祝融又即陆终（金文《邾公釛钟》作陆𩐨，𩐨即古融字），以祝融八姓，《世本》《大戴礼记·帝系篇》及《史记·楚世空》均作六姓推之，恐怕陆终也就是所谓"六龙"。越是祝融六姓中的一个芈姓国，实际就等于六龙中的芈姓龙之后。这样说来，越人本是"龙子"，无怪他们要断发文身以"象（像）龙子"。至于他们又称"禹之苗裔"，那还是离不开龙子的身份。禹也是一个龙图腾团族的代表，前文也已经证明了。《周语上》载内史过曰"昔夏之兴也，融降于崇山"，融即祝融，崇山及烛龙（祝融）所主的钟山：

《海外北经》："钟山之神，名曰烛阴。"郭注："烛龙也。"

《洞冥记》："东方朔北游钟火山，日月不照，有青龙衔烛，照山四极。"

可见禹和祝融还是一家。并且就在"融""禹"二字上，也可看出二人的关系来。"融"从"虫"，"禹"从"虫"，"虫""虫"古为一字，即蛇的初文，而"龙""蛇"古来本可以混称的。总之，越与龙的关系，无论从哪一方面讲来，都是不容否认的。仔细说来，证据是举不完的，单是上面所谈的，已经够明白的了。

至于吴地的先住民族，也是断发文身的。我想就是越人，或他们的同族。越人的老家本在北方，后来逐渐南移，一部分停在如今江苏境内的，受着太伯仲雍的统治，便随着太伯仲雍的国号而被称为吴人，所以吴只是个政治区域的名词，论种族，他们与越人还是一家。

（六）《越绝书·外传·纪策考》："吴越为邻，同俗并（业）土。"

（七）《越绝书·外传·记范伯》："吴

越二邦，同气共俗。”

我们既已断定越人原本是一个龙图腾的团族，那么除太伯仲雍的后裔之外，所谓吴人者，也该是属于这龙图腾的团族。其实太伯仲雍逃到南方以后，既已改从当地断发文身的习俗，便接受了当地先住民族的图腾信仰，所以连太伯仲雍和仲雍的后人，也当算作越人——因为所谓“种族”者，严格地讲，本只是文化和信仰的分野，而不是血缘的分野。总之，吴与越是一个民族，他们都是“龙子”，所以都断发文身，以“像龙子”。

一方面端午节日的活动项目中，有许多与龙有关；另一方面这风俗流行的历史最久，保存的色彩最浓厚的区域，因之也可以判定为这节日的发祥地的吴越，正是古代一个龙图腾团族的分布区。然则，我们不但可以确定前面提出的假设，说端午的起源与龙有着密切的关系，并且还可以进一步推测，说它就是古代吴越民族——一个龙图腾团族举行图腾祭的节日，简言之，一个龙的节日。汉人记载胡、越有“请龙”的风俗。

《淮南子·要略训》：“操舍开塞，各有龙忌。”许慎注曰：“中国以鬼神之事曰忌，北胡、南越皆谓‘请龙’。”

“请”字当训“朝请”，“请龙”实在就是“祭龙”。请龙的举动，一年之中似乎不止一次，端午可能就是越人一年中最盛大的一次请龙。请龙的风俗，胡、越相同，而匈奴（许慎所谓“北胡”）一年三次“龙祠”，以五月一次最为盛大，是我们最好的旁证。

《后汉书·南匈奴传》：“匈奴俗岁有三龙祠，常以正月、五月、九月戊日祭天神。”

《史记·匈奴传》：“五月大会茏（《汉书》作龙）城。”《索隐》引崔浩曰：“西方胡皆事龙神，故名大会处为龙城。”

龙祠以五月的一次为最重要，还可以从它在戊日举行得到证明。《史记·匈奴传》又说他们“日上戊巳”，《月令》“中央土，其日戊巳，其帝黄帝……其数五”，“戊巳”和“五”在五行系统中是一套，而且黄帝即黄龙，所以祭龙重在五月，也是五行系统的安排。越和匈奴都奉龙为图腾，又都说是夏后氏的苗裔，他们本系同族，我们将另文讨论。在本题内，我们因越民族的史料缺乏，暂借匈奴的史料来解释越人的风俗信仰，是没有冒过大的危险的。

二 端午与五行

五行的起源想来很复杂，但有一点我们可以断言的，是它最初必有某种实用的意义，而不仅是分析自然势力而加以排列的一种近乎思想游戏的勾当。我们的建议是，五行中最基本的观念是五方，而五方是一种社会政治组织形态的符号，兼宗教信仰的象征。依图腾制度的通例，一个团族（clan）之下往往又分为几个支族（phratries）。我们疑心古代奉龙为图腾的团族之下有四个支族，每支族又各为一龙，共有五龙。

《水经注·河水注》："奢延水又东迳肤施县南……东入五龙山……又东走，马水注之。水出西南长城北，阳周县故城南桥山……山上有黄帝冢故也。"《溜水注》："广固城……四周绝涧，阻水深隍……水侧山际，有五龙口。"

《水经注·河水注》引《遁甲开山图》："五龙见教，天皇被迹。"

《说文》："戊，中宫也，像六甲五龙相拘绞。"

《魏文帝杂占》："黄帝祥图，五龙舞沙。"

《水经注·河水注》："河水又东径五龙坞北，坞临长河有五龙祠。应劭云：昆仑山庙在河南荥阳县。疑即此祠。所未详。"

《汉书·地理志》："（肤施）县有五龙山。"

《鬼谷子·阴符篇》："盛德法五龙。"陶弘景注曰："五龙，五行之龙也。"

郭璞《游仙诗》："奇龄迈五龙。"

五龙用五个色彩区分，所以龙是五色的名目。由图腾崇拜演化为祖宗崇拜，于是五色龙也就是五色帝。宗教信仰到了祖宗崇拜的阶段，社会组织也由图腾变为国家，所以五帝是天神，又是人王。图腾时期，四支族的四龙各治一方，而以团族的一龙为中央共主，所以有五龙分治五方之说。

《遁甲开山图》荣氏解："五龙，昆弟四人，长曰角龙，木仙也；次曰徵龙，火仙也；次曰商龙，金仙也；次曰羽龙，水仙也；父曰宫龙，土仙也。父与诸子同得仙，治在五方，为五行神。"

《艺文类聚·九八》引《瑞应图》："黄龙者，四龙之长，四方之正色，神灵之精也。"

五龙分治五方，在国家形态出现以后，便是一个共主统治着四方的诸侯。黄帝立四面的传说，便是由此而起的。

《太平御览·七九》引《尸子》："子贡问

孔子曰：'古者黄帝立四面，信乎？'孔子曰：'黄帝取合己者四人，使治四方……此之谓四面也。'"

《吕氏春秋·本味篇》："故黄帝立四面。"

魏文帝《以陈群为镇军、司马懿为抚军诏》："昔者轩辕建四面之号。"

有时共主失去统治能力，诸侯起了觊觎之心：

蒋子《万机论》："黄帝之初……不好战伐，而四帝各以方色交共谋之。"

共主与诸侯之间不免要来一场战争，如果共主胜了——

《孙子·行军篇》："凡此四军之利，黄帝之所以胜四帝也。"

用图腾主义的术语说，便是中央的黄龙杀死四方四色的龙了。

《墨子·贵义篇》："帝以甲乙杀青龙于东方，以丙丁杀赤龙于南方，以庚辛杀白龙于西方，以壬癸杀黑龙于北方。"

五方的龙，用彩色来区分，便有五色，已如上说。大概是五色离开龙，而成为单纯的五种色素之后，太嫌空洞，于是又借五种色彩相近的物质，即所谓五行的木火金水土（次第依《左传》）来象征青赤白黑黄。并依这五色的方位，又将五行分配给五方。五方的中央，性质本与其余四方不同，它是以共主的资格来统摄联系，并调和四方的。五行是由五方辗转生出的，所以配中央的土，其性质与其余四行也不同。

《郑语》："夫和实生物，同则不继。以他平他谓之和，故能丰长而物生之……故先王以土与金木水火杂以成万物。"

并且自然势力与五这数字似乎没有必然的联系，五行之所以为五，想必脱胎于其他天成的五数，目下想得到的，五方是一个可能的来源。至于"行"字的含义，我以为就在字形里。古"行"字作᠅，像衢道四出之形，行本只有四而称五行，正如方本只有四而称五方一样。这解释如果不错，就字面说，五行简直就是五方，因之上引《鬼谷子》陶弘景注"五龙，五行之龙也"，便等于说"五方之龙"；《遁甲开山图》荣氏解"五龙……

为五行神”，也等于说“五方神”。

我们谈了半天五行的起源，目的无非是要说明五龙观念起源之古；换言之，龙与五是分不开的，因为从图腾观点说，龙的数一开始就是五；而依我们的意见，龙正是图腾社会的产物，所以我们也只能从图腾的观点来谈它。一方面龙的数既是五，所以在图腾社会的背景之下，“五”便成为一个神圣个数，而发展成支配后来数千年文化的五行思想；另一方面作为四龙之长的中央共主是第五条龙，所以“第五”便成为一个神圣的号数；至今还流行着的五月初五的端午节，便是那种观念的一个见证。

最后我们应该补充一点，“端午”最初作“端五”：

张表臣《珊瑚钩诗话·二》：“端五之号，同于重九；角黍之事，肇于《风俗》。屈原怀沙忠死，后人每年以五色丝络粔籹而吊之，此其始也。后世以‘五’字为‘午’，则误矣。”（百川本）

《野客丛书·一一》：“今言五月五日曰重五。”

而“端”训“初”。

《艺文类聚·四》引《风土记》：“仲夏端午，烹鹜角黍。”注：“端，始也，谓五月初五日也。”

唐以前似乎任何一月的初五皆可称端午，不必五月。

《容斋随笔·一》：“唐玄宗以八月五日生，以其日为千秋节，张说上《大衍历序》云：‘谨以开元十六年八月端午赤光照室之夜献之。’《唐类表》有宋璟《请以八月五日为千秋节表》，云：‘月惟仲秋，日在端午。’然则凡月之五日皆可称端午也。”

《野客丛书·一四》：“仆观《续世说》，齐暎为江西观察使，因德宗诞日端午，为银瓶高八尺以献，是亦有端午之说。”

这更可见第五这号数的势力之大。至于后世改五为午，或系取其在一日之中的意思。巳午居十二支之中，犹之戊己居十干之中。中央之数五，午是中央之时，所以其价值也等于五，何况五、午声音又完全相同呢！上文讲过五与龙有不解之缘，节日中五的意义愈深厚，愈见其与龙的关系之密切。

三 彩丝系臂

有一种现已失传了的端午风俗，便是彩丝系臂。

《太平御览·三一》引《风俗通义》："五月五日以五彩丝系臂者，辟兵及鬼，令人不病温，亦因屈原。一名长命缕，一名续命缕，一名辟兵缯，一名五色缕，一名五色丝，一名朱索，又有条达等组织杂物，以相赠遗。"

《岁华纪丽·二》注引《风土记》："以五彩缕造百索系臂，一名长命缕，一名辟兵缯，以相赠遗。"

《玉烛宝典·五》引《荆楚岁时记》："士女或取……彩丝系臂，谓之长命缕。"

《事文类聚前集·九》引《提要录》："北人端午，以杂丝结合欢索，缠手臂。"

宋章淳《端午帖子词》："九子黏筒玉粽香，五丝系臂宝符光。"

《风俗通义》所谓"条达等组织杂物"，就是臂钏，繁钦《定情诗》"绕臂双条达"可证。

《野客丛书·一四》引《卢氏新记》（当作《杂说》）："唐文宗一日问宰臣古诗'轻衫衬条脱'，条脱是何物，宰臣未对；上曰即今之腕钏，安妃有金条脱，是臂饰也。"

《南部新书》："大中间上赋诗有'金步摇'，未能对；令温飞卿续之，飞卿即以'玉条脱'应之。"

"玉条脱"见《真诰》第一篇。这些臂上的饰物，我们疑心是文身之遗。文身的主要部位本是手臂：

《赵策二》："祝发文身错臂，瓯、越之民也。"

而文身是象（像）龙文，上文已经证明，嶲西文夷的风俗也是很好的旁证。

《蜀中广记·三四》引《九州要记》："嶲之西有文夷人，身青而有文如龙鳞于臂胫之间。"

文身的习惯被放弃后，其遗意还保存在衣襟的文饰间，是一种方式：

柳宗元《咏壮俗》："饮食行藏总异人，衣襟刺绣作文身。"

以玉石之属刻作龙形系在臂上，是另一种方式：

《急就篇》："系臂琅玕虎魄龙。"

再一种方式则表现在系在肘后的印纽上：

《独断上》引卫宏（《汉旧仪》）："秦以前，民皆以金玉为印，龙虎纽，唯其所好。"

彩丝系臂，想来当初也是"以象（像）龙形"的。这虽没有明证，但既是端午的风俗，而端午是个龙的节日，则结丝"以象（像）龙形"是很可能的。龙形遗失后，便用五种颜色来象征五色龙。有时是用五种颜色的丝织物编成的。

《初学记·四》引裴玄《新语》："五月五日集五彩缯，谓之辟兵。"

《太平御览·三一》引《风俗通义》："五月五日集五色缯辟兵，余问服君，服君曰：'青赤白黑以为四方，黄为中央，襞方缀于胸前，以示妇人蚕功也。织麦䴵（䴵，麦茎也）悬于门，以示农功成。传声以"襞方"为"辟兵"耳。'"

服虔以"辟兵"为"辟方"的声误，说法很巧，但其"爱梵美"的嫌疑，一望可知。其实所谓"青赤白黑以为四方，黄为中央"已经明白地告诉我们五方龙。

四 守宫

传说守宫对于妇人常有种种神秘的影响：

《太平御览·九四六》引《淮南万毕术》："守宫涂脐，妇人无子。取守宫一枚，置瓮中，及蛇衣以新布密裹之，悬于阴处百日，治守宫蛇衣分等，以唾和之，涂妇人脐，磨令温，即无子矣。"

同上引《梦书》："守宫为寡妇着垣墙也。梦见守宫，忧寡妇人也。"

最常见的说法是防闲贞操的功能。

《太平御览·七三六》引《淮南万毕术》："取守宫虫，饵以丹砂，阴干，涂妇人身，男合即灭。"

《太平御览·九四六》引《淮南万毕术》："守宫饰女臂，有文章。取守宫新合阴阳者，牝牡各一，藏之瓮中，阴干百日，以饰女臂，则生文章。与男子合阴阳，辄灭去。"

《太平御览·三一》引《淮南万毕术》："取七月七日守宫阴干之，治合，以井华水和，涂女人身，有文章，则以丹涂之，不去者不淫，去者有奸。"

《博物志》："蜥蜴或名蝘蜓，以器养之，食以朱砂，体尽赤；所食满七斤，捣万杵，以点女人肢体，终身不灭，故号曰守宫。"

《古诗》："爱惜加穷袴，防闲托守宫。"

李贺《宫娃歌》："花房夜捣红守宫。"

李商隐《河阳诗》："巴西夜市红守宫，后房点臂斑斑红。"

这我们猜想也是一个图腾的遗迹。守宫本一名"龙子"：

《名医别录》陶注："蜥蜴……形大纯黄色者名蛇医；其次似蛇医而小形长尾，见人不动者，名龙子。"

《古今注》："蝘蜓一曰守宫，一曰龙子。"

吴普《本草》："石龙子一名守宫，一名山龙子。"

五 龙舟

寻常舟船刻为龙形，本是吴、越一带的习俗。

应玚《灵河赋》："龙艘白鲤，越舲蜀艇。"

《意林》引杨泉《物理论》："龙舟整楫，王良不能执也；骥騄齐行，越人不能御也。"

马缟《中华古今注·上》："孙权，吴之主也，时号舸为赤龙……言如龙之飞于天。"

和他们的文身一样，龙舟的目的，大概也是避蛟龙之害。这可以从船上图蛟和挂龙子幡得到暗示。

萧子显《南征曲》："棹歌来扬女，操舟惊越人。图蛟怯水伯，照鹢竦江神。"

图蛟的目的在"怯水伯"，意义是明显的。

《古诗为焦仲卿妻作》："青雀白鹄舫，四角龙子幡。"

《襄阳乐》："上水郎担篙，下水摇双橹。四角龙子幡，环环江当柱。"

《南史·臧质传》："质封始兴郡公，之镇，亦平乘，并施龙子幡。"

越人文身"以象（像）龙子"，船上挂龙子幡也无非是龙子的信号。为的是让蛟龙容易辨别，不致误加伤害。把整个的船刻成龙形，目的大概也是这样。

龙舟只是文身的范围从身体扩张到身体以外的用具，所以它是与文身的习惯同时存在的。图腾文化消逝以后，文身变相为衣服的衣饰，龙舟也只剩下"图蛟"和龙子幡一类的痕迹。但遇到宗教仪式时，古旧形态中的许多花样往往会全部出现，于是我们便看到穿着模拟文身的彩衣的水手们划着龙舟——一幅典型图腾社会的"浮世绘"。

唐无名氏《竞渡歌》："鼓声三下红旗开，两龙跃出浮水来。棹影斡波飞万剑，鼓声劈浪鸣千雷。鼓声渐急标将近，两龙望标目如瞬。……须臾戏罢各东西，竞脱文身请书上。”

《事文类聚前集·九》引□□□：“唐杜亚节度淮南，方春，民为竞渡戏。亚欲轻驶，乃髹船底，篙人衣油彩衣，没水不濡。”

《齐东野语·一三》：“甄云卿……竞渡日，着彩衣，立龙首，自歌所作‘思远楼前’之词，旁若无人。”

无名氏径称彩衣为“文身”，尤其是我们的佳证。

龙舟竞渡应该是史前图腾社会的遗俗。上揭《岁时记》说越地相传起于越王勾践，可见这风俗来源之古——虽则这说法本身仍然不可靠。至于拯救屈原的故事，最早的记载也只在六朝：

《太平御览·三一》引《荆楚岁时记》：“按五月五日竞渡，俗为屈原投汨罗日，伤其死所，故命舟楫以拯之。舸舟取其轻利，谓之飞凫。一自以为水军，一自以为水马，州将及土人悉临水观之。”

早在隋代的杜台卿已经怀疑过这说法，他在《玉烛宝典》里讲道：“或因开怀娱目，乘水临风，为一时下为之赏，非必拯溺。”杜氏的解释虽不对，他怀疑拯溺之说，却是有道理的。

◎ 清 佚名 十二月月令图（局部）

第八章

端午节的历史教育

端午那天孩子们问起粽子的起源，我当时虽乘机大讲了一顿屈原，心里却在暗笑，恐怕是帮古人撒谎吧。不知道是为了谎的教育价值，还是自己图省事和藏拙，反正谎是撒过了，并且相当成功，因为看来孩子们的好奇心确乎得到了相当的满足。可是，孩子们好奇心的终点，便是自己好奇心的起点。自从那天起，我心里常常转着一个念头：如果不相信谎，真又是什么呢？端午真正的起源，究竟有没有法子知道呢？最后我居然得到了线索——就在那谎里。

屈原五月五日投汨罗水，楚人哀之，至此日，以竹筒子贮米，投水以祭之。汉建武中，长沙区曲，忽见一士人，自云三闾大夫，谓曲曰："闻君当见祭，甚善。常年为蛟龙所窃。今若有惠，当以楝叶塞其上，以彩丝缠之，此二物蛟龙所惮。"曲依其言。今五月五日作粽，并带楝叶、五花丝，遗风也。（《续齐谐记》）

这传说是如何产生的，下文再谈，总之是不可信。倒是"常年（粽子）为蛟龙所窃"这句话，对于我的疑窦，不失为一个宝贵的消息。端午节最主要的两个节目，无疑是竞渡和吃粽子。这里你就该注意，竞渡用的龙舟，粽子投到水里常为蛟龙所窃，两个主要节目都与龙有关——假如不是偶合的话，恐怕整个端午节中心的意义，就该向龙的故事去探寻吧。这是第一点。据另一传说，竞渡的风俗起于越王勾践，那也不可靠。不过吴越号称水国，说竞渡本是吴、越一带的土风，总该离事实不远。这是第二点。一方面端午的两个主要节目都与龙有关；一方面至少两个节目之一，与吴、越的关系特别深；如果我们再能在吴、越与龙之间找出联系来，我们的问题不就解决了吗？

吴、越与龙究竟有没有联系呢？古代吴、越人"断发文身"，是我们熟知的事实。这习俗的意义，据当时一位越国人自己的解释，是"处海垂之际……而蛟龙又与我争焉，是以翦发文身，烂然成章，以象（像）龙子者，将以避水神也"（《说苑·奉使篇》记诸发语）。所谓"水神"便是蛟龙。原来吴、越都曾经自认为是蛟龙的儿子（龙子），在那个大前提下，他们想，蛟龙是害人的东西，不错，但决不会残杀自己的"骨肉"。所以万一出了岔子，责任不该由蛟龙负，因为，他们相信，假若人们样子也长得和蛟龙一样，让蛟龙到眼就认识是自己的族类，哪会有岔子出

◎ 唐 李昭道 龙舟竞渡图（局部）

呢？这样盘算的结果，他们便把头发剪短了，浑身刺着花纹，尽量使自己真像一个“龙子”——这一来他们心里便踏实了，觉得安全真有保障。这便是吴、越人断发文身的全部理论。这种十足的图腾主义式的心理，我在别处还有更详细的分析与说明。现在应该注意的是，我们在上文所希望的吴、越与龙的联系，事实上确乎存在。根据这联系推下去，我想谁都会得到这样一个结论：端午本是吴、越民族举行图腾祭的节日，而赛龙舟便是这祭仪中半宗教、半社会性的娱乐节目。至于将粽子投到水中，本意是给蛟龙享受的，那就不用讲了。总之，端午是个龙的节日，它的起源远在屈原以前——不知道多远呢！

据《风俗通义》和《荆楚岁时记》，五月五日，古代还有以彩丝系臂，名曰“长命缕”的风俗。我们疑心彩丝系臂便是文身的变相。一则《国策》有“祝发文身错臂，瓯、越之民也”的话（《赵策二》）。可见文身术应用的主要部分之一是两臂。二则文身的目的，上文已讲过，是给生命的安全作保障。彩丝系臂，在形式上既与错臂的文身术有类似的效果，而“长命缕”这名称又证明了它也具有保障生命的功能，所以我们说彩丝系臂是古代吴、越人文身俗的遗留，也是不会有大错的。于是我又恍然大悟，如今小孩们身上挂着五彩丝线缠的，或彩色绸子扎的，或染色麦草编的——种种光怪陆离的小玩意儿，原来也都是文身的替代品。文身是“以象（像）龙子”的。竞渡与吃粽子，上文已说过，都与龙有关；现在我们又发现彩丝系臂的背景也是龙，这不又给端午是龙的节日添了一条证据么？我看为名副其实，这节日干脆叫“龙子节”得了。

我在上文好像揭穿了一个谎。但在那揭谎的工作中，我并不是没有怀着几分惋惜的心情。我早已提到谎有它的教育价值，其实不等到谎被揭穿之后，我还不觉得谎的美丽。如果明年孩子们再谈起粽子的起源，我想，我的话题还是少不了这个谎，不，我将在讲完了真之后，再告诉他们谎中的真。我将这样说：

“吃粽子这风俗真古得很啊！它的起源恐怕至少在四五千年前。那时人们的文化程度很低。你们课本中有过海南岛黎人的插图吗？他们正是那样，浑身刺绣着花纹，满脸的狞恶相。但在内心里他们实在是很可怜的。那时的人在自然势力威胁之下，常疑心某种生物或无生物有着不可思议的超自然力量，因此他们就认定那东西为他们全族的祖先兼保护神——这便是现代术语所谓‘图腾’。凡属于某一图腾族的分子，必在自己身体上和日常用具上，刻画着该图腾的形状，以图强化自己和图腾间的联系，而便于获得图腾的保护。古代吴、越民族是以龙为图腾的，为表示他们‘龙子’的身份，借以巩固本身的被保护权，所以有那断发文身的风俗。一年一度，就在今天，他们要举行一次盛大的图腾祭，将各种食物，装在竹筒，或裹在树叶里，一面往水里扔，献给图腾神吃，一面也自己吃。完了，还在急鼓声中（那时许没有锣）划着那刻画成龙形的独木舟，在水上做竞渡的游戏，给图腾神，也给自己取乐。这一切，表面上虽很热闹，骨子里却只是在一副战栗的心情下，吁求着生命的保障，所以从冷眼旁观者看来，实在是很悲的。这便是最古端午节的意义。

“一两千年的时间过去了，由于不断的暗中摸索，人们稍稍学会些控制自然的有效方法，自己也渐渐有点自信心，于是对他们的图腾神，态度渐渐由献媚的、拉拢的，变为恫吓的、抗拒的（人究竟是个狡猾的东西！），最后他居然从幼稚的、草昧的图腾文化挣扎出来了，以至几乎忘掉有过那么回事。好了，他现在立住脚跟了，进步相当的快。人们这时赛龙舟、吃粽子，心情虽还有些紧张，但紧张中却带着点儿胜利的欢乐意味。他们如今是文明人啊！我们所熟习的春秋时代的吴、越，便是在这个文化阶段中。

“但是，莫忙乐观！刚刚对于克服自然有点儿把握，人又发现了第二个仇敌——他自己。以前人的困难是怎样求生，现在生大概不成问题，问题在于怎样生得光荣。光荣感是个良心问题，然而要晓得良心是随罪恶而生的。时代一入战国，人们造下的罪孽想是太多了，屈原的良心担负不起，于是不能生得光荣，便毋宁死，于是屈原便投了汨罗！是呀，仅仅求生的时代早过去了，端午这节日也早失去了意义。从越国到今天，应该是怎样求生得光荣的时代；如果我们还要让这节日存在，就得给它装进一个我们时代所需要的意义。

“但为这意义着想，哪有比屈原的死更适当的象征？是谁首先撒的谎，说端午节起源于纪念屈原，我佩服他那无上的智慧！端午，以求生始，以争取生得光荣的死终，这谎中有无限的真！”

准备给孩子们讲的话，不妨到此为止。纵然这番意思，孩子还不太懂，但迟早是应当让他们懂得的，是不是？

一九四三年七月

◎南宋　马麟　三官出巡图（局部）（下页同）

◎ 北宋　苏汉臣　重午婴戏图（局部）

○ 宋 苏焯 端阳戏婴图（局部）

第九章

九歌

一 神话的九歌

传说中九歌本是天乐。赵简子梦中升天所听到的“广乐九奏万舞”，即《九歌》与配合着《九歌》的韶舞（《离骚》“奏九歌而舞韶兮”）。《九歌》自被夏后启偷到人间来，一场欢宴，竟惹出五子之乱而终于使夏人亡国。这神话的历史背景大概如下。《九歌》韶舞是夏人的盛乐，或许只郊祭上帝时方能使用。启曾奏此乐以飨上帝，即所谓钧台之飨。正如一般原始社会的音乐，这乐舞的内容颇为猥亵。只因原始生活中，宗教与性爱颇不易分，所以虽猥亵而仍不妨为飨神的乐。也许就在那次郊天的大宴享中，启与太康父子之间，为着有仍二女（即“五子之母”）起了冲突。事态扩大到一种程度，太康竟领着弟弟们造起反来，结果敌人——夷羿乘虚而入，把有夏灭了。（关于此事，另有考证。）启飨天神，本是启请客。传说把启请客弄成启被请，于是乃有启上天作客的故事。这大概是因为所谓“启宾天”的“宾”字（《天问》“启棘宾商”即宾天，《大荒西经》“开上三嫔于天”，“嫔”“宾”同），本有“请客”与“作客”二义，而造成的结果。请客既变为作客，飨天所用的乐便变为天上的乐，而奏乐飨客也就变为作客偷乐了。传说的错乱，大概只在这一点上。其余部分说启因《九歌》而亡国，却颇合事实。我们特别提出这几点，是要指明《九歌》最古的用途及其带猥亵性的内容，因为这对于下文解释《楚辞·九歌》是颇有帮助的。

◎ 元 赵孟頫（传） 九歌图（局部）

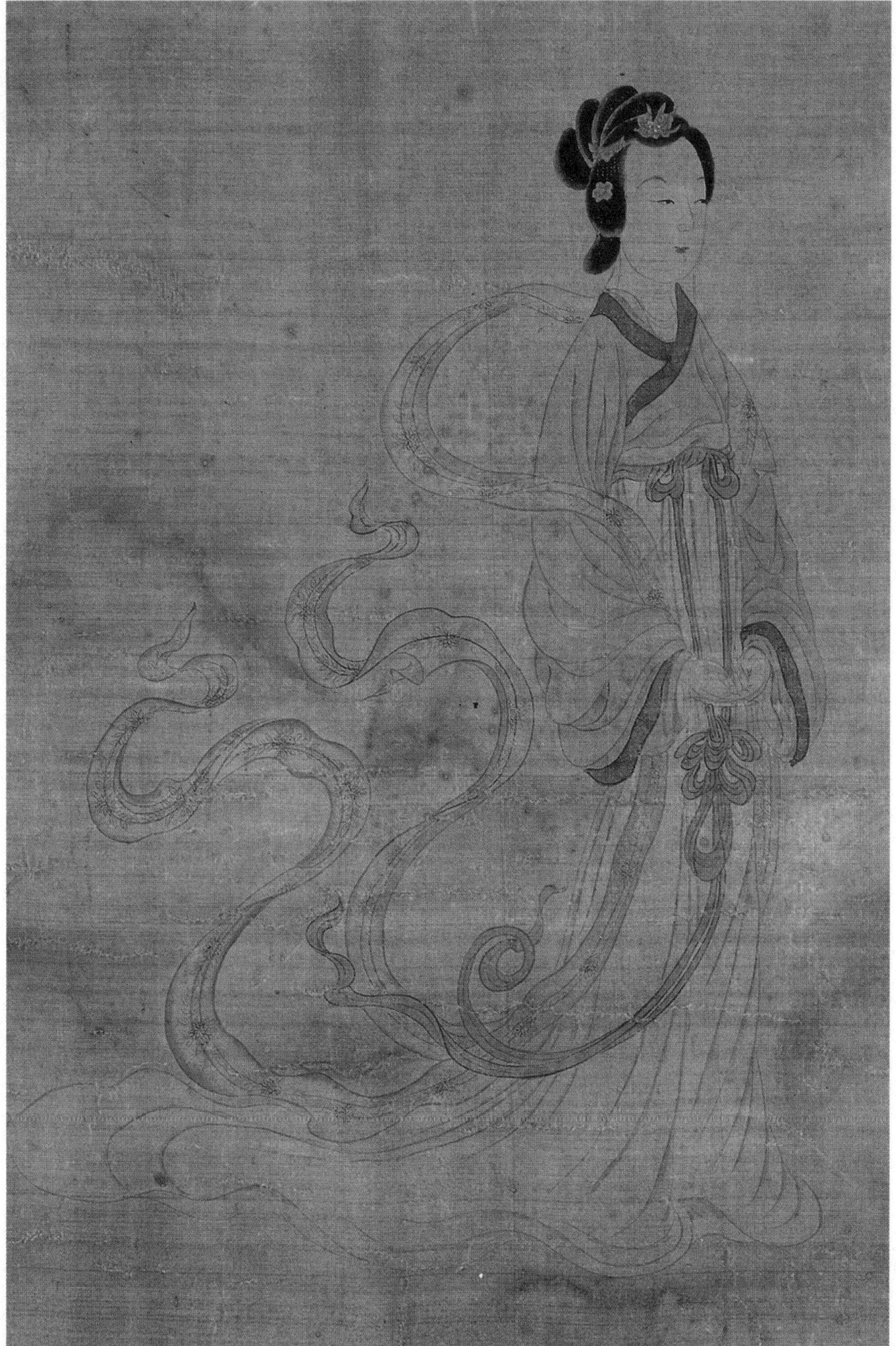

◎ 元 赵孟頫（传） 九歌图（局部）

二 经典的九歌

《左传》两处以九歌与八风、七音、六律、五声连举（昭公二十年、二十五年），看上去似乎九歌不专指某一首歌，而是歌的一种标准体裁。歌以九分，犹之风以八分，音以七分……那都是标准的单位数量，多一则有余，少一则不足。歌的可能单位有字、句、章三项。以字为单位者又可分两种。（一）每句九字——这句法太长，古今都少见。（二）每章九字，实等于章三句，句三字——这句法又嫌太短。以上似乎都不可能。若以章为单位，则每篇九章，连《诗经》里都少有。早期诗歌似乎不能发展到那样长的篇幅，所以也不可能。我们以为最早的歌，如其是以九为标准的单位数，那单位必定是句——便是三章，章三句，全篇共九句。不但这样篇幅适中，可能性最大，并且就“歌”字的意义看，“九歌”也必须是每歌九句。“歌”的本意应与今语“啊”同，其意义最初也只是唱歌时每句中或句尾一声拖长的“啊……”（后世歌辞多以“兮”或“猗为”“我”“平”等字拟其音）。故《尧典》曰“歌永言”，《乐记》曰“故歌之为言也，长言之也”。然则“九歌”即九“啊”，九歌是九声“啊”；而“啊”又必在句中或句尾，则九歌必然是九句了。《大风歌》三句共三用“兮”字，《史记·乐书》称之为“三侯之章”，“兮”“侯”音近，“三侯”犹言“三兮”。《五噫诗》五句，每句末于“兮”下复缀以“噫”，全诗共用五“噫”字，因名之曰“五噫”。九歌是九句，犹之三侯是三句，五噫是五句，都是可由其篇名推出的。

全篇九句即等于三章三句。《皋陶谟》载有这样一首歌（下称《元首歌》）。

元首起哉！股肱喜哉！百工熙哉！

元首明哉！股肱良哉！庶事康哉！

元首丛脞哉！股肱惰哉！庶事隳哉！

唐立庵先生根据上文“箫韶九成”“帝用作歌”二句，说它便是《九歌》。这是很重要的发现。不过他又说即《左传·文公七年》郤缺引《夏书》“戒之用休，董之用威，劝之以九歌，勿使坏”之九歌，那却不然。因为上文已证明过，书传所谓九歌并不专指某一首歌，因之《夏书》“劝之以九歌”只等于说“劝之以歌”。并且《夏书》

◎元 赵孟頫（传） 九歌图（局部）

三句分指礼、刑、乐而言，三“之”字实谓在下的臣民，而《元首歌》则分明是为在上的人君和宰辅发的。实则《元首歌》是否即《夏书》所谓九歌，并不重要，反正它是一首典型的《九歌》体的歌（因为是九句），所以尽可称为《九歌》。

和《元首歌》格式相同的，在《国风》里有《麟之趾》《甘棠》《采葛》《著》《素冠》等五篇。这些以及古今任何同类格式的歌，实际上都可称为《九歌》。（就这一意义说，九歌又相当于后世五律、七绝诸名词。）九歌既是表明一种标准体裁的公名，则神话中带猥亵性的启的九歌，和经典中教诲式的《元首歌》，以及《夏书》所称而郤缺所解为“九德之歌”的九歌，自然不妨都是九歌了。

神话的九歌，一方面是外形固守着僵化的古典格式，内容却在反动的方向发展成教诲式的“九德之歌”一类的九歌；一方面是外形几乎完全放弃了旧有的格局，内容则仍本着那原始的情欲冲动，经过文化的提炼作用，而升华为飘然欲仙的诗——那便是《楚辞》的《九歌》。

三 《东皇太一》《礼魂》何以是迎送神曲

前人有疑《礼魂》为送神曲的，近人郑振铎、孙作云、丁山诸氏又先后一律主张《东皇太一》是迎神曲。他们都对，因为二章确乎是一迎一送的口气。除这内在的理由外，我们现在还可举出一般祭歌形式的沿革以为旁证。

迎神、送神本是祭歌的传统形式，在《宋书·乐志》里已经讲得很详细了。再看唐代多数宗庙乐章及一部分文人作品，如王维《祠渔山神女歌》等，则祭歌不但必须具有迎送神曲，而且有时只有迎送神曲。迎送的仪式在祭礼中的重要性于此可见了。本篇既是一种祭歌，就必须含有迎送神的歌曲在内；既有迎送神曲，当然是首尾两章。这是常识的判断，但也不缺少历史的证例。以内容论，汉《郊祀歌》的首尾两章——《练时日》与《赤蛟》，相当于《九歌》的《东皇太一》与《礼魂》（参看原歌便知）。谢庄又仿《练时日》与赤蛟作宋《明堂歌》的首尾二章（《宋书·乐志》：“迎送神歌，依汉《郊祀》三言四句一转韵。”）而直题作《迎神歌》《送神歌》。由《明堂歌》上推《九歌》《东皇太一》《礼魂》是迎送神曲，是不成问题的。

或疑《九歌》中间九章也有带迎送意味，甚至明出“迎”“送”字样的（《湘夫人》：“九嶷缤兮并迎。”《河伯》：“送美人兮南浦。”），怎见第九章不也有迎送作用呢？答：第九章中的迎送是歌中人物自相迎送，或对假想的对象迎送，与二章为致祭者对神的迎送迥乎不同，换言之，前者是粉墨登场式的表演迎送的故事，后者是实质的迎送的祭典。前人混为一谈，所以纠缠不清。

除去首尾两章迎送神曲，中间所余九章大概即《楚辞》所谓《九歌》。《九歌》本不因章数而得名，已详上文。但因文化的演进，文体的篇幅是不能没有扩充的。上古九句的《九歌》，到现在——战国，涨大到第九章的《九歌》，乃是必然的趋势。

◎ 元 赵孟頫（传） 九歌图（局部）

四 被迎送的神只有东皇太一

《东皇太一》既是迎神曲，而歌辞只曰“穆将愉兮上皇”（上皇即东皇太一），那么辞中所迎的，除东皇太一外，似乎不能再有别的神了。《礼魂》是作为《东皇太一》的配偶篇的送神曲——这里所送的，理论也不应超出先前所迎的。其实东皇太一是上帝，祭东皇太一即郊祀上帝。只有上帝才够得上受主祭者楚王的专诚迎送。其他九神，论地位都在王之下，所以典礼中只为他们设享，而无迎送之礼。这样看来，在理论原则上，被迎送的又非只限于东皇太一不可。对于九神，既无迎送之礼，难怪用以宣达礼意的迎送神的歌辞中，绝未提及九神。

但请注意：我们只说迎送的歌辞和迎送的仪式所指的对象，不包括那东皇太一以外的九神。实际上九神仍不妨和东皇太一同出同进，而参与了被迎送的经验——甚至可以说，被“饶”给一点儿那样的荣耀。换言之，我们讲九神未被迎送，是名分上的未被迎送，不是事实的。谈到礼仪问题，当然再没有比名分观念更重要的了。超出名分以外的事实，在礼仪的精神下，直可认为不存在。因此，我们还是认为未被迎送，而祭礼是专为东皇太一设的。

◎ 南宋 龚开 元钟进士移居图

◎ 元 赵孟頫（传） 九歌图（局部）

◎ 元 赵孟頫（传） 九歌图（局部）

五 九神的任务及其地位

祭礼既非为九神而设，那么他们到场是干什么的？汉《郊祀歌》已有答案："合好效欢虞太一……《九歌》毕奏斐然殊。"《郊祀歌》所谓"九歌"，可能即《楚辞》十一章中之九章之歌（详下）；九神便是这九章之歌中的主角，原来他们到场是为着"效欢"以"虞太一"的。这些神道们——实际是神所"凭依"的巫们——按照各自的身份，分班表演着程度不同的、哀艳的或悲壮的小故事，情形就和近世神庙中演戏差不多。不同的只是在当时，戏是由小神们做给大神瞧的，而参加祭礼的人们是沾了大神的光而得到看热闹的机会；现在则专门给小神当代理人的巫既变成了职业戏班，

北宋 张敦礼（传） 九歌图（局部）

而因尸祭制度的废弃，大神只是一只“土木形骸”的偶像，并看不懂戏——于是群众便索兴把他撇开，自己霸占了戏场而成为正式的观众了。

九神之出现于祭场上，一面固是对东皇太一“效欢”，一面也是以东皇太一的从属的资格来受享。效欢时是立于主人的地位替主人帮忙，受享时则立于客的地位作陪客。作陪凭着身份（二三等的神），帮忙仗着伎能（唱歌与表情）。九神中身份的尊卑既不等，伎能的高下也有差，所以他们的地位有的作陪的意味多于帮忙，有的帮忙的意味多于作陪。然而作陪也是一种帮忙，而帮忙也有吃喝（受享），所以二者又似可分而不可分。

◎ 元　赵孟頫（传）　九歌图（局部）

◎ 元 赵孟頫（传） 九歌图（局部）

六 二章与九章

因东皇太一与九神在祭礼中的地位不同，所以二章与九章在十一章中的地位也不同。在说明这两套歌辞不同的地位时，可以有宗教的和艺术的两种相反的看法。就宗教观点说，二章是作为祭歌主体的迎送神曲；九章即真正的《九歌》，只是祭歌中的插曲。插曲的作用是凑热闹、点缀场面，所以可多可少，甚至可有可无。反之，就艺术观点说，九章是十一章中真正的精华，二章则是传统形式上一头一尾的具文。《楚辞》的编者统称十一章为“九歌”，是根据艺术观点，以中间九章为本位的办法。《楚辞》是文艺作品的专集，编者当然只好采取这种观点。如果他是《郊祀志》的作者，而仍采用了这样的标题，那便犯了反客为主和舍己从人的严重错误。因为根据纯宗教的立场，十一章应改称“楚《郊祀歌》”，或更详明点，“楚郊祀东皇太一《乐歌》”；而《九歌》这称号是只应限于中间的九章插曲。或许有人要说，

启享天神的乐称《九歌》，《楚辞》概称祀东皇太一的全部乐章为《九歌》，只是沿用历史的旧名，并没有什么重视《九歌》艺术性的立场在背后。但他忘记诸书谈到启奏《九歌》时不满的态度。不是还说启因此亡国吗？须知说启奏《九歌》以飨天神，是骂他胡闹，不应借了祭天的手段来达其“康娱而自纵”（《离骚》）的目的，所以又说“章闻于天，天用弗式”（《墨子·非乐篇》引《武观》）。他们言外之意，祭天自有规规矩矩的音乐，那太富娱乐性的《九歌》是不容掺进祭礼来亵渎神明的。他们反对启，实即反对《九歌》；反对《九歌》的娱乐性，实即承认了它的艺术性。在认识《九歌》的艺术性这一点上，他们与《楚辞》的编者没有什么不同。不过在运用这认识的实践行为上，他们是凭那一点来攻击启，《楚辞》的编者是凭那一点来欣赏文艺而已。

南宋 赵大亨 蓬莱仙会图（局部）

七　九章的再分类

不但十一章中，二章与九章各为一题；若再细分下去，九章中，前八章与后一章（《国殇》）又当分为一类。八篇所代表的日、云、星（指司命，详后）、山、川一类的自然神，（《史记·留侯世家》）“学者多言无鬼神，然言有物”，物即自然神。依传统见解，仿佛应当是天神最贴身的一群侍从。这完全是近代人的想法。在宗教史上，因野蛮人对自然现象的不了解与畏惧，倒是自然神的崇拜发生得最早。次之是人鬼的崇拜，那是在封建型的国家制度下，随着英雄人物的出现而产生的一种宗教行为。最后，因封建领主的逐渐兼并，直至大一统的帝国政府行将出现，像东皇太一那样的一神教的上帝才应运而生。八章中尤其《湘君》《湘夫人》等章的猥亵性的内容（此其所以为淫祀），已充分暴露了这些神道的原始性和幼稚性。（苏雪林女士提出的人神恋爱问题，正好说明八章宗教方面的历史背景，详后。）反之，《国殇》却代表进一步的社会形态，与东皇太一的时代接近了。换言之，东君以下八神代表巫术降神的原始信仰，《国殇》与东皇太一则是进步了的正式宗教的神了。我们发觉《国殇》与东皇太一性质相近的种种征象，例如祭《国殇》是报功，祭东皇太一是报德；《国殇》在祀家的系统中当列为小祀，东皇太一列为大祀等都是。这些征象都使《国殇》与东皇太一贴近，同时也使它与八神疏远。这就是我们将九章又分为八神与《国殇》二类的最雄辩的理由。甚至假如我们愿走极端，将全部十一章分为二章（《东皇太一》《礼魂》），一章（《国殇》），与八章三个平列的大类，似亦无不可——我们所以不那样做，是因为那太偏于原始论的看法。在历史上，东皇太一、国殇与八神虽发生于三个不同的文化阶段，而各有其特殊的属性，但那究竟是历史。在《九歌》的时代，《国殇》恐怕已被降级而与八神同列了。至少楚国制定乐章的有司，为凑足九章之歌的数目以合传统《九歌》之名，已决意将《国殇》排入八神的班列，而让它在郊祀东皇太一的典礼里，分担着陪祀意味较多的助祀的工作。（看歌辞八章与《国殇》皆转韵，属于同一型类，制定乐章者的意向益明。）他这安排也许有点牵强，但我们研究的是这篇《九歌》，我们的任务是了解制定者用意，不是修改他的用意。这是我们不能不只认八章与《国殇》为一大类中之两小类的另一理由。

为醒目起见，我们再将上述主要各点依一种新的组织制成下表。

有些意思，因行文的限制，上文来不及阐明的，大致已在表中补足了。

表　九章的细分

神道及其意义						歌辞					
						内容的特征与情调				外形	
客体	东君、云中君、湘君、湘夫人、大司命、少司命、河伯、山鬼	（自然神）物	淫祀	助祀	—	九曲（九章）	用独白或对话的形式抒写悲欢离合的情绪	似风（九章）	哀艳	长短句	转韵
	国殇	鬼	小祀	陪祀	报功		叙述战争的壮烈，颂扬战争的英勇	似雅（挽歌）	悲壮	七字句	
主体	东皇太一	神	大祀	正祀	报德	迎神曲、送神曲（二章）	铺叙祭礼的仪式和过程	似韵（祭歌）	肃穆	长短句	不转韵

八 『赵代秦楚之讴』

《汉书·礼乐志》曰：

武帝定郊祀之礼，祠太一于甘泉……乃立乐府，采诗夜诵，有赵、代、秦、楚之讴。以李延年为协律都尉，多举司马相如等数十人造为诗赋，略论律吕，以合八音之调，作十九章之歌。以正月上辛用事甘泉圜丘，使童男女七十人俱歌，昏祠至明。

“有赵、代、秦、楚之讴”对我们是一句至关重要的话，因为经我们的考察，九章之歌所代表诸神的地理分布，恰恰是赵、代、秦、楚。现在即依这国别的顺序，逐条分述如下：

（1）《云中君》

罗膺中先生曾据“览冀州兮有余”及《史记·封禅书》“晋巫祠五帝东君、云中君……”之语，说云中即云中郡之云中。这是一个重要的发现。云中是赵地（《史记·赵世家》：“武灵王……欲从云中、九原直南袭秦。”），赵是三晋之一，正当古冀州城。

（2）《东君》

依照以东方殷民族为中心的汉族本位思想，日神羲和是女性（《大荒南经》：“有女子名羲和……帝俊之妻，生十日。”《七发》：“神归日母。”），但《九歌》的日神东君是男性（《九歌》诸神凡称“君”的，皆男性），可能他是一位客籍的神。《史记·赵世家》《索隐》引谯周曰“余尝闻之，代俗以东西阴阳所出入，宗其神谓之王母父”，阴阳指日月（《大戴礼记·曾子天圆篇》：“阳之精气日神，阴之精气月灵。”），似乎以日为阳性的男神，本是代俗。据《封禅书》，东君也是晋巫所祠，代地本近晋，古本歌辞次第，《东君》在《云中君》前（今本错置，详拙著《楚辞校补》），是以二者相次为一组的。《史记·封禅书》及《索隐》引《归藏》亦皆东君、云中君连称。这种排列，大概是依农业社会观念，象征着两个对立的重要自然现象——晴与雨的。云中君在赵，东君的地望想必与他相近，不然是不会和他排在一起的。

◎ 当代　傅抱石　云中君与大司命图（局部）

◎ 清 佚名 沧江虹月上册之河伯图

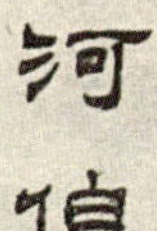

（3）《河伯》

《穆天子传·一》："天子西征，骛行至阳纡之山，河伯无(冯)夷之所都……"据《尔雅·释地》与《淮南子·地形训》，阳纡是秦的泽薮，可见河泊本是秦地的神，所以祭河为秦国的常祀。《史记·六国年表》"秦灵公八年，初以君主妻河"，《封禅书》"及秦并天下，令祠官所常奉天地名山大川鬼神……水曰河，祠临晋"是其证。《封禅书》又曰"昔秦文公出猎，获黑龙（案即水神玄冥）。此其水德之瑞，于是秦更命河曰德水"，这是秦祀河的理论根据。

（4）《国殇》

歌曰"带长剑兮挟秦弓"，罗先生据此疑《国殇》即《封禅书》所谓"南山巫祠南山秦中，秦中者二世皇帝"。我们以为说《国殇》是秦人所祀则可，以为即二世则不可。二世是赵高逼死在望夷宫中的，并非死于疆场。且若是二世，《九歌》岂不降为汉代的作品？但截至目前，我们尚无法证明《九歌》必非先秦楚国的乐章。

（5）（6）《湘君》《湘夫人》

这还是南楚湘水的神。即令如钱宾四先生所说，湘水即汉水，那还是在楚境。

（7）（8）《大司命》《少司命》

大司命见于金文《洹子(即田桓子)孟姜壶》，而《风俗通义·礼典篇》也说"司命……齐地大尊重之"，似乎司命本是齐地的神。但这时似乎已落籍在楚国了。歌中空桑、九坑皆楚地名可证。(《大招》："魂乎归来，定空桑只。""九坑"，《文苑》作"九冈"。九冈山在今湖北松滋市，即《左传·昭公十一年》"楚子……用隐太子于冈山"之冈山。)《封禅书》且明说"荆巫祠司命"。

（9）《山鬼》

顾天成《九歌解》主张《山鬼》即巫山神女，也是《九歌》研究中的一大创获。详孙君作云《九歌·山鬼考》。我们也完全同意。然则山鬼也是楚神。

以上除（2）（4）二项证据稍显薄弱，其余七项可算不成问题。何况以（2）属代，以（4）属秦，充其量只是缺证，并没有反证呢？"赵、代、秦、楚之讴"是汉武因郊祀太一而立的乐府中所诵习的歌曲，《九歌》也是楚祭东皇太一时所用的乐曲。而《九歌》中九章的地理分布，如上文所证，又恰好不出赵、代、秦、楚四国的范

◎ 明 文徵明 湘君湘夫人图（局部）

◎ 清 费丹旭 仿龚开终南鬼趣图（局部）

◎ 元 赵孟頫（传） 九歌图（局部）

围。然则我们推测《九歌》中九章即《汉志》所谓“赵、代、秦、楚之讴”，是不至离事实太远的。并且《郊祀歌》已有“《九歌》毕奏斐然殊”之语，这“《九歌》”当亦即“赵、代、秦、楚之讴”。《礼乐志》称祭前在乐府中练习的为“赵、代、秦、楚之讴”，《郊祀歌》称祭时正式演奏的为“《九歌》”，其实只是一种东西。（《礼乐志》所以不称“《九歌》”而称“赵、代、秦、楚之讴”，那是因为“有赵、代、秦、楚之讴”一语是承上文“采诗夜诵”而言的。上文说“采诗”，下文点明所采的地域，文意一贯。）由上言之，赵、代、秦、楚既恰合九章之歌的地理分布，而《郊祀歌》又明说出“《九歌》”的名字，然则所谓“赵、代、秦、楚之讴”即《九歌》，更觉可靠了。总之，今《楚辞》所载《九歌》中作为祀东皇太一乐章中的插曲的九章之歌，与夫汉《郊祀歌》所谓“合好效欢虞太一……《九歌》毕奏斐然殊”的《九歌》，与夫《礼乐志》所谓因祠太一而创立的乐府中所“夜诵”的“赵、代、秦、楚之讴”，都是一回事。

承认了九章之歌即“赵、代、秦、楚之讴”，我们试细玩索九章的内容，还可发现一个有趣的现象。九章之歌依地理分布，自北而南，可排列如下：

《东君》代

《云中君》赵

《河伯》（《国殇》）秦

《大司命》《少司命》《山鬼》楚

《湘君》《湘夫人》南楚

《国殇》是人鬼，我们曾经主张将它和那八位自然神分开。现在我们即依这见解，暂时撇开它，而单独玩索那代表自然神的八章歌辞。这里我们可以察觉，地域愈南，歌辞的气息愈灵活、愈放肆、愈顽艳，直到那极南端的《湘君》《湘夫人》，例如后者的“捐余袂兮江中，遗余褋兮醴浦”二句，那猥亵的含义几乎令人不堪卒读了。以当时的文化状态而论，这种自北而南的气息的渐变，不是应有的现象吗？

◎ 清 黄应谌 祛倦鬼文山水图（局部）（见下页）

九 楚九歌与汉郊祀歌的比较

虽然汉郊祀太一是沿用楚国的旧典，虽然汉祭礼中所用以娱神的《九歌》也就是楚人在同类情形下所用的《九歌》，但汉《郊祀歌》十九章与楚《九歌》十一章仍大有区别。汉歌十九章每章都是祭神的乐章，因为汉礼除太一外，还有许多次等的神受祭。但楚歌十一章中只首尾的《东皇太一》与《礼魂》（相当于汉歌首尾的《练时日》与《赤蛟》），是纯粹祭神的乐章。其余九章，正如上文所说，都只是娱神的乐章。楚礼除东皇太一外，是否也有纯粹陪祭的次等神如汉制一样，今不可知。至少今《九歌》中不包含祭这类次等神的乐章是事实。反之，楚歌将娱神的乐章（九章）与祭神的乐章（二章）并列而组为一套歌辞。汉歌则

◎ 明 商喜 四仙拱寿图（局部）

将娱神的乐章完全摒弃，而专录祭神的乐章。总之楚歌与汉歌相同的是首尾都分列着迎送神曲，不同的是中间一段，一方是九章娱神乐章，一方是十七章祭次等神的乐章。这不同处尤可注意。汉歌中间与首尾全是祭神乐章（迎送神曲也是祭神乐章），它的内容本是一致的，依内容来命名，当然该题作《郊祀歌》。楚歌首尾是祭神，中间是娱神，内容既不统一，那么命名该以何者为准，便有选择的余地了。若以首尾二章为准，自然当题作“楚《郊祀歌》”。现在它不如此命名，而题作《九歌》，可见它是以中间九章娱神乐章为准的。以汉歌与楚歌的命名相比较，益可证所谓《九歌》者是指十一章中间的九章而言的。

十 巫术与巫音

苏雪林女士以“人神恋爱”解释《九歌》的说法，在近代关于《九歌》的研究中，要算最重要的一个见解，因为她确实说明了八章中大多数的宗教背景。我们现在要补充的，是“人神恋爱”只是八章的宗教背景而已，而不是八章本身。换言之，八章歌曲是扮演“人神恋爱”的故事，不是实际的“人神恋爱”的宗教行为。而且这些故事之被扮演，恐怕主要的动机还是因为其中“恋爱”的成分，不是因为那“人神”的交涉——虽则“人神”的交涉确乎赋予了“恋爱”的故事以一股幽深、玄秘的气氛，使它更富于麻醉性。但须知道在领会这种气氛的经验中，那态度是审美的、诗意的，是一种 makebelieve，那与实际的宗教经验不同。《吕氏春秋·古乐篇》曰：“楚

之哀也，作为巫音。”八章诚然是典型的“巫音”，但“巫音”断乎不是“巫术”。因为在“巫音”中，人们所感兴趣的，毕竟是“音”的部分远胜于“巫”的部分。“人神恋爱”许可以解释《山海经》所代表的神话的《九歌》，却不能以字面的 literally 说明《楚辞》的《九歌》。严格地讲，两千年前《楚辞》时代的人们对《九歌》的态度，和我们今天的态度，并没有什么差别。同是欣赏艺术，所差的是，他们是在祭坛前观剧——一种雏形的歌舞剧，我们则只能从纸上欣赏剧中的歌辞罢了。在深浅不同的程度中，古人和我们都能复习点原始宗教的心理经验；但在他们观剧时，恐怕和我们读诗时差不多，那点宗教经验是躲在意识的一个暗角里，甚至有时完全退出意识圈外了。

◎南宋 刘松年 天女献花图（局部）

第十章

文学的历史动向

人类在进化的途程中蹒跚了多少万年，忽然这对近世文明影响最大最深的四个古老民族——中国、印度、以色列、希腊——都在差不多同时猛抬头，迈开了大步。约当纪元前一千年左右，在这四个国度里，人们都歌唱起来，并将他们的歌记录在文字里，给流传到后代。在中国，《三百篇》里最古部分——《周颂》和《大雅》，印度的《黎俱吠陀》，《旧约》里最早的《希伯来诗篇》，希腊的《伊利亚特》和《奥德赛》都约略同时产生。再过几百年，在四处思想都觉醒了，跟着是比较可靠的历史记载的出现。从此，四个文化，在悠久的年代里，起先是沿着各自的路线，分途发展，不相闻问。然后，慢慢地随着文化势力的扩张，一个个的胳臂碰上了胳臂，于是吃惊，点头，招手，交谈，日子久了，也就交换了观念思想与习惯。最后，四个文化慢慢地都起着变化，互相吸引，融合；以至总有那么一天，四个的个别性渐渐消失，于是文化只有一个世界的文化。这是人类历史发展的必然路线，谁都不能改变，也不必改变。

上文说过，四个文化猛进的开端都表现在文学上。四个国度里同时迸出歌声。但那歌的性质并非一致的。印度、希腊，是在歌中讲着故事，他们那歌是比较近乎小说、戏剧性质的，而且篇幅都很长；而中国与以色列则都唱着以人生与宗教为主题的较短的抒情诗。中国与以色列许是偶同；印度与希腊都是雅利安种人，说着同一系统的语言，他们唱着性质比较类似的歌，倒也不足为怪。

中国和其余那三个民族一样，在他开宗第一声歌里，便预告了他以后数千年间文学发展的路线。《三百篇》的时代，确乎是一个伟大的时代，我们的文化大体上是从这一刚开端的时期就定型了。文化定型了，文学也定型了，从此以后二千年间，诗——抒情诗，始终是我国文学的正统的类型。甚至除散文外，它是唯一的类型。赋、词、曲，是诗的支流；一部分散文，如赠序、碑志等，是诗的副产品；而小说和戏剧又往往以各自不同的方式夹杂些诗。诗，不但支配了整个文学领域，还影响了造型艺术，它同化了绘画，又装饰了建筑（如楹联、春帖等）和许多工艺美术品。

诗似乎也没有在第二个国度里，像它在这里发挥过那样大的社会功能。在我们这里，一出世，它就是宗教，是政治，是教育，是社交，它是全

◎ 南宋　赵伯驹　停琴摘阮图（局部）

面的生活。维系封建精神的是礼乐，阐发礼乐意义的是诗，所以诗支持了那整个封建时代的文化。此后，在不变的主流中，文化随着时代的进行，在细节上曾多少发生过一些不同的花样。诗，它一面对主流尽着传统的呵护的职责，一方面仍给那些新花样忠心的服务。最显著的例是唐朝。那是一个诗最发达的时期，也是诗与生活靠拢得最紧的一个时期。

从西周到春秋中叶，从建安到盛唐，这中国文学史上两个最光荣的时期，都是诗的时期。两个时期各个拖着一条姿势稍异，但同样灿烂的尾巴，前者的是《楚辞》《汉赋》，后者的是五代宋词。而这辞赋与词，还是诗的支流。然则从西周到宋，我们这大半部文学史，实质上只是一部诗史。但是诗的发展到北宋实际也就完了。南宋的词已经是强弩之末。就诗本身说，连尤、杨、范、陆和稍后的元遗山似乎都是多余的、重复的，以后的更不必提了。我们只觉得明清两代关于诗的那许多运动和争论，都是无谓的挣扎。每一度挣扎的失败，无非是重新证实一遍那挣扎的徒劳无益而已。本来从西周唱到北宋，足足两千年的工夫也够长的了，可能的调子都已唱完了。到此，中国文学史可能不必再写，假如不是两种外来的文艺形式——小说与戏剧，早在旁边静候着，准备届时上前来“接力”。是的，中国文学史的路线，南宋起便转向了，从此以后是小说、戏剧的时代。

故事与雏形的歌舞剧，以前在中国本土不是没有，但从未发展成为文学的部门。对于讲故事、听故事，我们似乎一向就不大热心。不是教诲的寓言，就是纪实的历史，我们从未养成单纯地为故事而讲故事、听故事的兴趣。我们至少可说，是那充满故事兴味的佛典之翻译与宣讲，唤醒了本土的故事兴趣的萌芽，使它与那较进步的外来形式相结合，而产生了我们的小说与戏剧。故事本是民间的产物，不用讳言，它的本质是低级的。（便在小说、戏剧里，过多的故事成分不也当悬为戒条吗？）正如，从故事发展出来的小说、戏剧，其本质是平民的，诗的本质是贵族的。要晓得它们之间距离很大，而距离是会孕育恨的。所以我们的文学传统既是诗，就不但是非小说、戏剧的；而且推到极端，可能还是反小说、戏剧的。若非宗教势力带进来那点新鲜刺激，而且自己的歌实在也唱到无可再唱的了，我们可能还会继续产生些《韩非子》《说储》，或《燕丹子》一类的故事，和《九歌》一类的雏形歌舞剧——但是，元剧和章回小说决不会有。然而本土形式的花开到极盛，必归于衰谢——那是一切生命的规律；而两个文化波轮由扩大而接触而交织，以致新的异国形式必然要闯进来——也是早经历史命运注定了的。异国形式也许早就来到了，早到起码是汉朝佛教初输入的时候。你可以在几百年中不注意它，等到注意了之后，还可以延宕，踌躇个又一度几百年——直到最后，万不得已的，这才死心塌地，接受了吧！但那只是迟早问题。反正自己的花无法再开，那命数你得承认。新的种子从外面来到，给你一个再生的机会，那是你的福分。你有勇气接受它，是你的聪明；肯细心培植它，是有出息；结果居然开出很不寒伧的花朵来，更足以使你自豪！

第一度外来影响刚刚扎根，现在又来了第二度的。第一度佛教带来的印度影响是小说、戏剧，第二度基督教带来的欧洲影响又是小说、戏剧（小说、戏剧是欧洲文学的主干，至少是特色）——你说这是碰巧吗？

不然。欧洲文化——正如它的鼻祖希腊文化一样，和印度文化，往大处看，还不是一家？这样说来，在这两度异乡文化东渐的阵容中，印度不过是欧洲的头，欧洲是印度的尾而已。就文化接触的全盘局势来看，头已进来，尾的迟早必须来到，应该也是早已料到的事。第一度外来影响，已经由扎根而开花了，但还不算开到最茂盛的地步；而本土的旧形式，自从枯萎后，还不见再荣的迹象，也实在没有再荣的理由。现在第二度外来影响，又与第一度同一种类，毫无问题，未来的中国文学还要继续那些伟大的元明清人的方向，在小说、戏剧的园地上发展。待写的一页文学史，必然又是一段小说、戏剧史；而且较向前的一段，更为热闹，更为充实。

但在这新时代的文学动向中，最值得揣摩的，是新诗的前途。你说，旧诗的生命诚然早已结束，但新诗——这几乎是完全重新再作起的新诗，也没有生命吗？对了，除非它真能放弃传统意识，完全洗心革面，重新作起。但那差不多等于说，要把诗作得不像诗了。也对。说得更明确点，不像诗，而像小说、戏剧，至少让它多像点小说、戏剧，少像点诗。太多“诗”的诗，和所谓“纯诗”者，将来恐怕只能以一种类似解嘲与抱歉的姿态，为极少数人存在着。在一个小说、戏剧的

○ 明 刘俊 纳谏图（局部）

◎ 北宋 李从训 乐志论图（局部之一、二）

◎ 清 佚名 平阳传灯寺图（局部）

时代，诗得尽量采取小说、戏剧的态度，利用小说、戏剧的技巧，才能获得广大的读众。这样做法并不是不可能的。在历史上多少人已经做过，只是不大彻底罢了。新诗所用的语言更是向小说、戏剧跨近了一大步，这是新诗之所以为“新”的第一个也是最主要的理由。其他在态度上、在技巧上的种种进一步的试验，也正在进行着。请放心，历史上常常有人把诗写得不像诗，如阮籍、陈子昂、孟郊，如华兹华斯（Wordsworth）、惠特曼（Whitmen），而转瞬间便是最真实的诗了。诗这东西的长处就在它有无限度的弹性，变得出无穷的花样，装得进无限的内容。只有固执与狭隘才是诗的致命伤，纵没有时代的威胁，它也难立足。

每一时代有一时代的主潮，小的波澜总得跟着主潮的方向推进，跟不上的只好留在港汊里干死完事。战国秦汉时代的主潮是散文。一部分诗服从了时代的意志，散文化了，便成就了《楚辞》和初期的《汉赋》，成就了《铙歌》——这些都是那时代的光荣。另一部分诗，如《郊祀歌》《安世房中歌》，韦孟《讽谏诗》之类，跟不上潮流，便成了港汊中的泥淖。

明代的主潮是小说，《先妣事略》《寒花葬志》和《项脊轩记（志）》的作者归有光，采取了小说的以寻常人物的日常生活为描写对象的态度和刻画景物的技巧，总算是沾上了点儿时代潮流的边儿（他自己以为是读《史记》读来了的，那是自欺欺人的话），所以是散文家中欧公以来唯一顶天立地的人物。其他同时代的散文家，依照各人小说化的程度的比例，也多多少少有些成就，至于那般诗人们只忙于复古，没有理会时代，无疑那将被未来的时代忘掉。以上两个历史的教训，是值得我们的新诗人书绅的。

四个文化同时出发，三个文化都转了手（有的转给近亲，有的转给外人），主人自己却都没落了——那许是因为他们都只勇于“予”而怯于“受”。中国是勇于“予”而不太怯于“受”的，所以还是自己的文化的主人，然而也只仅免于没落的劫运而已。为文化的主人自己打算，“取”不比“予”还重要吗？所以仅仅不怯于“受”是不够的，要真正勇于“受”。让我们的文学更彻底地向小说、戏剧发展，等于说要我们死心塌地走人家的路。这是一个“受”的勇气的测验，也是我们能否继续自己文化的主人的测验。

过去记录里有未来的风色。历史已给我们指示了方向——“受”的方向，如今要的只是勇气，更多的勇气啊！

第十一章

“七十二”

这可算作一次“集体考据”的实例吧——事情的由来如此。不久以前，（季）镇淮曾谈过一次这文中的大意。最近本刊编者（余）冠英先生交来徐德庵先生的一封信（见后），内中说道，在本刊十六期读到彭啸咸（仲铎）先生的《释三五九》，想起古书中常见的另一数字“七十二”，却不知道它的来历如何，无暇考查。我看了信，告诉冠英先生，镇淮谈过这问题，详情不大记得，等碰见他，就请他答复徐先生吧。就在当天晚上，见了镇淮，我正要拿徐先生的信给他看，他已将文章（即本文的初稿）递过来了。事情居然如此凑巧！我回家和（何）善周谈起（他本是对汉代思想极感兴趣的），愈谈愈兴奋，于是我们分途再搜材料。我们的收获更足以坐实这问题意义之重大和镇淮的解释之正确。我索性将文章重写了一遍，一方面容纳了新得的材料，一方面在几点上做了些进一步的分析。现在文章完了（牺牲了五日来食眠的乐趣），主要的材料和主要的意见，还是镇淮的；续加的材料中，重要的都是善周的贡献，许多补充的意见也都和他磋商过，我只多说了些闲话，并当了一次抄胥。事前本已告诉过冠英先生镇淮有文章，并约定即在本刊和徐先生的信一同发表。现在文章里加入了我的一份儿，我更乐意这么办。因为徐先生是我久慕的，曾蒙垂询一些问题，至今尚未奉复，这回的问题既也是徐先生感兴趣的，就正好借《月刊》的篇幅，来专诚请教于徐先生，希望徐先生和最先在本刊发动形式数字研究的彭先生，以及本刊读者们多多指正。

一多附识，三十二年三月二日。龙泉镇。

附徐德庵先生致本刊编者函

冠英吾兄……顷者阅《国文月刊》十六期彭仲铎先生《释三五九》一文，叹其博辨，远过前人，多所发明，甚佩于心也。唯弟常以为“七十”一辞，今古亦往往用为表众多之虚数，或言“七十”，或言“七十二”，或言“七十余”，其义则一；此固夫人知之，然所以然之故，则猝难解矣。如能加以考证，明其原委，未始非一快事也。案“七十”用为虚数，先秦已开其端，至汉而应用益广。今俗语中犹有沿袭先秦“七十”者，若“七十子”“七十二代”“七十二钻”之类。前者虽在《史记》一书中，《孔子世家》与《仲尼弟子列传》所举已有不同，然尚可信为实数；至《庄子》刳龟《管子》封于太山之言，则均为虚数无疑。下逮汉人，言多每称“七十”，亦无不为虚数。如以辞害志，执为真有，则为所误矣。兹就《史记》一书为例，如《项羽本纪》及《李广传》均称“七十余战”，《刘敬传》称“大战七十”，《曹参传》称“身受七十余创”，《儒林传》称仲尼“干七十余君”，诸如此类，皆非实数也。故窃恒谓此犹今言“十二分”“十二万分”之类，意在表数之多，非其实然也。其语之遗于后世者，如“七十二候”，似有说矣；然“七十二行”“七十二沽”等语，亦尽虚数。余如世俗常言“三十六”或“百零八”，当亦由此语增减得之。举上所陈，本非确知，第无由识其所以然耳。课务纷繁，无暇考证，兹读彭先生文，欣悦之余，特以此意问吾兄一陈，甚盼予以指正。或转向彭先生一谈，复为释以明其取义之由，是则所乐闻者矣。……草此敬颂。

著祺。

弟徐德庵顿首。二月九日。

一

在十为足数的系统中，五是半数，五减二得三，是少数，五加二得七，是多数。古书中说到“三”或“七”，往往是在这种意义下，作为代表少数或多数的象征数字的。进一位，“三十”，“七十”也是如此。但说到“三十六”“七十二”，便难以理解了。如今且撇开“三十六”不谈，单谈“七十二”。

1.《庄子·天运篇》：“孔子谓老聃曰：‘丘治《诗》《书》《礼》《乐》《易》《春秋》六经，自以为久矣，孰（熟）知其故矣，以奸（干）者七十二君——论先王之道，而明周、召之迹——一君无所钩用。甚矣！夫人之难说也！道之难明邪！’”

2. 又《外物属》：“乃刳龟，以卜，七十二钻而无遗策。”

3.《续汉书·祭祀志》中注引《庄子》佚文：“易姓而王，封于泰山，禅于梁父者，七十有二代，其有形兆垠堮勒石，凡千八百余处。”

4.《大戴礼记·盛德篇》：“明堂自古有之

也，凡九室，一室而有四户，八牖，凡三十六户，七十二牖，以茅盖屋，上圆下方。”

5.《史记·高祖本纪》：“高祖为人，隆准而龙颜，美须髯，左股有七十二黑子。”

6. 又《孔子世家》：“孔子以《诗》《书》《礼》《乐》教弟子，盖三千焉，身通六艺者七十二人。”

7. 严遵《道德指归说目》：“上经配天，下经配地；阴道八，阳道九，以阴行阳，故七十有二首。”

8. 原来《列仙传》七十二人。

9.《新序·杂事二》：“邹忌既为齐相，稷下先生淳于髡之属七十二人，皆轻忌。”

10.《续汉书·祭祀志》中注引桓谭《新论》(《正经篇》)：“明堂上圆法天，下方法地，八窗法八风，四达法四时，九室法九州，十二坐法十二月，三十六户法三十六雨，七十二牖法七十二风。”

11.《路史·后纪四》注引《鱼龙河图》：“黄帝之初，有蚩尤氏，兄弟七十二人，铜头铁额食沙石，制五兵之器，变化云雾。”

12.《礼记·杂记下篇》《正义》引《论语考谶》：“古者七十二家为里。”

13.《旧唐书·礼仪志二》引《易纬》：“三十六节”，又“七十二候”。

14.《太平御览·五二六》引《汉旧仪》：“汉五年，修复周室旧祀，祀后稷于东南，常以八月祭一太牢，舞者七十二人。”

以上都说明“七十二”。又：

15.《路史·后纪五》注引《黄帝出军诀》及《太白阴经》：“黄帝征蚩尤，七十一战，不克。昼梦金人……云：‘天帝使授符，得兵符，战必克矣。’……乃于盛水之阳筑坛，祭太牢。有玄龟含符致坛……帝再拜受。于是设九宫，置八门，布五奇六仪，制阴阳二遁，凡千八十局，名曰天一遁甲式，式三门，发五将，而征蚩尤以斩之。”

这是说黄帝七十二战而后斩蚩尤。同类的材料古书中想还有，但只上列十余事，已足够说明这个神秘数字一度风行的现象了。

二

“七十二”究竟代表着一种什么意义，使它能如此风行呢？《史记·高祖本纪》正义已给我们解答了这个谜。

> 七十二黑子者，赤帝七十二日之数也。木火土金水各居一方，一岁三百六十日，四方分之，各得九十日。土居中央，并索四季各十八日，俱成七十二日。故高祖七十二黑子者，应火德七十二日之征也。有一本作“七十”者，非也。

这个解释是有来历的。

> 《春秋繁露·阳尊阴卑篇》：“为人子者，视土之事火也，虽居中央，亦岁七十二日之王。”

> 《孔子家语·五帝篇》：“天有五行，水火金木土，分时化育，以成万物。”王肃注曰：“一岁三百六十日，五行各主七十二日也。化生长育，一岁之功，万物莫敢不成。”

而最具体的说明，莫过于：

> 《古微书·一五》引《易坤灵图》：“五帝：东方木，色苍，七十二日；南方火，色赤，七十二日；中央土，色黄，七十二日；西方金，色白，七十二日；北方水，色黑，七十二日。”

原来“七十二”是一年三百六十日的五等分数，而这个数字乃是由五行思想演化出来的一种术语。

五行思想与农事的关系最密，说不定即渊源于农事，所以13“七十二候”，10“七十二风”，在这数字应用的历史中，应当产生得较早，虽则见于记载的并不如此。“七十二风”，“三十六雨”，即五日一风，十日一雨。“五日一风”的话，据我们现在所知道的，始见于《旧唐书·礼仪志》二引《淮南子》，却相当早；次之是京房《易飞候》，也不算太晚。后稷是农业之祖，所以祭仪14“舞者七十二人”。

明堂封禅是五行思想形式化的具体表征，所以4“七十二牖”，3“七十有二代”，也是两个老牌的“七十二”。三百六十日，五等分之为七十二，然后以五方帝各配一等分。黄帝是五帝中的中心人物，也就是五分中第一分“七十二”的代表。汉也在所谓五德系统之中，高祖当然也得到一分“七十二”。所以15“七十二战”，5“七十二黑子”，都是五行系统中嫡系的“七十二”。其余各“七十二”的来路不明。大概本与五行系统无关，或关系疏远，因受五行思想的影响，或有意地与五行思想靠拢，或无意地被五行思想吸收，才采用了这个数字。这些“七十二”的前身，约可分为二类，（一）本无一定的数字，后来采用了“七十二”；（二）其数本与“七十二”相近——如“七十余”或“七十”——后来改成了“七十二”。改成的“七十二”也许又可分（甲）著书者所改的，与（乙）抄书者所改的两种。总之，是五行思想弥漫了之后，才会得添出许多“七十二”来。

三

在“七十二”当红时，许多非“七十二”变成了“七十二”；同时“七十二”太多了，人们对它的热心渐渐冷淡下来，便也就有些真“七十二”，被人有意或无意地改成“七十余”与“七十”了。

封泰山禅梁父的七十二代，是众口同声所公认的一个真“七十二”。但是这里：

《史记·封禅书》《正义》引《韩诗外传》佚文：“孔子升泰山，观易姓而王，可得数者七十余人。”

《史记·封禅书》：“孔子论述六艺，传略言易姓而王，封泰山，禅于梁父者，七十余王矣。”

《淮南子·齐俗训》：“古之封于泰山，禅于梁父，七十余圣。”

又《缪称篇》：“泰山之上有七十坛焉，而三王独道。”

都变成了非“七十二”。黄帝是一分“七十

二”的代表，上文已说过他的七十二战。所以我们疑心这些：

《史记·封禅书》：“黄帝采首山铜，铸鼎于荆山下。鼎既成，有龙垂胡髯下迎黄帝。黄帝上骑，群臣后宫从上者七十余人。”

《列仙传》：“黄帝自择亡日，至七十日亡，七十日还葬桥山。”

都是变相的“七十二”。神农即炎帝，当是最早的赤帝；女娲是青帝伏羲的配偶，自己也曾被称为“女帝”“阴帝”——这些都有资格派到一分“七十二”，那么像这些“七十”：

《淮南子·修务训》：“神农……尝百草之

南宋 佚名 摹梁令瓒星宿图（局部之一、二）

滋味，水泉之甘苦……一日而七十毒。”

又《说林篇》：“黄帝生阴阳，上骈生耳目，桑林生臂手，此女娲所以七十化也。”

其中也难保没有从“七十二”变来的。《路史·后纪二》注引《麻姑仙人紫坛歌》：“女娲炼得五方气，变化成形补天地；三十六变世应知，七十二化处其位。”虽说后起，也不见得没有所本。如果女娲的“七十”是“七十二”变的，神农的“七十”便也有这样的可能。因为女娲七十化，《楚辞·天问》王注作“一日七十化”，与神农的“一日七十毒”，说话的形式正同。

《论衡·自纪篇》：“人面色部七十有余。”也可能是一个变相的“七十二”。

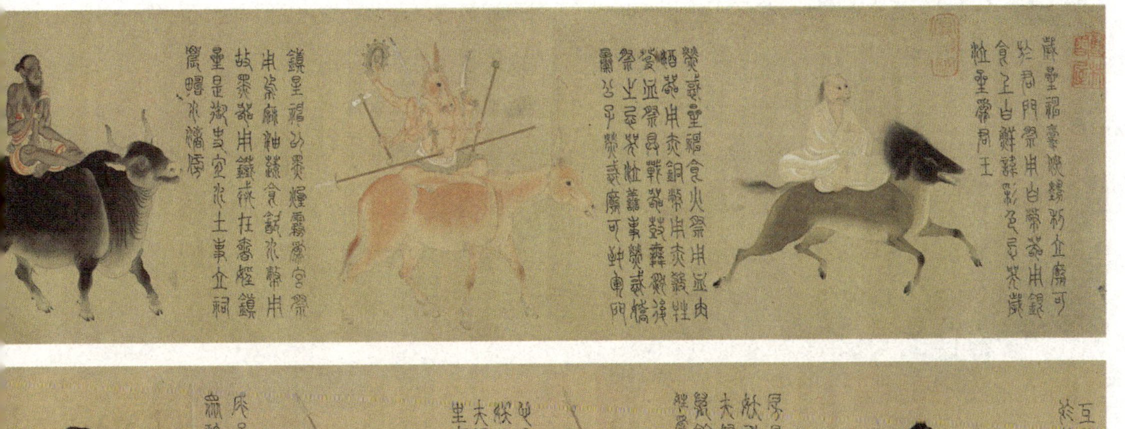

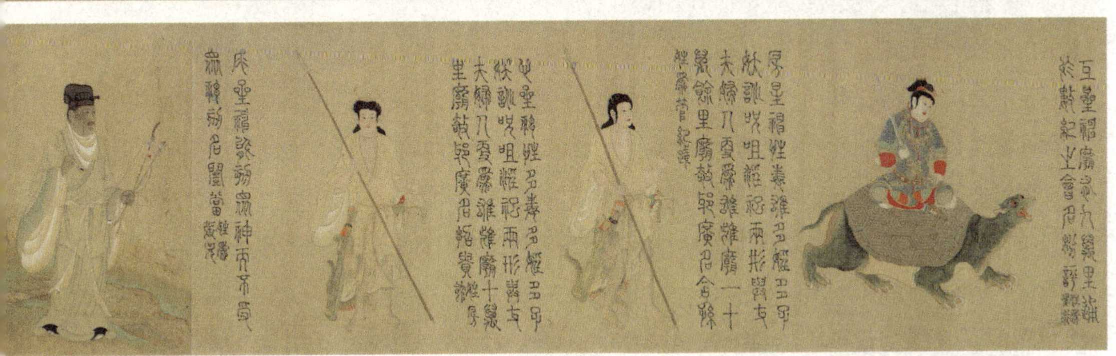

四

1孔子干七十二君，与6七十二弟子，是个值得多追究一下的问题。先谈七十二弟子。孔子弟子的人数，先秦的书，如《孟子·公孙丑篇》《韩非子·五蠹篇》《吕氏春秋·遇合篇》，都说“七十”；多数汉人的书如《淮南子·泰族训》《要略训》《汉书·艺文志序》《楚元王传》《水经注·九》《淇水注》引《论语比考谶》等，也都说“七十”。《大戴礼记·卫将军文子篇》作“七十有余人”。说“七十二人”的，除《史记·孔子世家》外，《仲尼弟子列传》，“七十七人”或也是“七十二”之误；此外只有《新序·杂事》一篇及《太平御览·五四二》引《孝经右契》。我们以为“七十”是举成数，或是前面所说代表多数的象征数字，“七十余”也没有毛病。“七十二”却是后人附会五行系统杜撰的。

除开说“七十”的，最多又最早，是个显而易见的理由外，我们还有一个理由相信“七十”是最古的传说。《孟子·离娄下篇》：“沈犹行曰：‘昔沈犹有负刍之祸，从先生者七十人，未有与焉。’”赵注曰：“先生，曾子也。往者先生尝从门徒七十人，舍吾沈犹氏，时有作乱者曰负刍，来攻沈犹氏，先生率弟子去之，不与其难。”孔子弟子七十人，曾子弟子也七十人，不会如此凑巧。大概曾子弟子的人数本不可知，只因他是传孔子道统的，所以姑依孔子弟子的人数来假拟他的弟子的人数。《孟子》所记沈犹行的话，得自传闻，本不必字字确实。还有据《史记·秦始皇本纪》和《封禅书》，秦博士也是七十人，博士们是“诵法孔子”的，这七十名的员额，无疑也是依孔子弟子的人数定的。由传说中曾子弟子的人数，和秦博士的员额来推测，孔子弟子七十人，确是最古的传说。

然而何以知道“七十二”必是为着附会五行系统而改的呢？孔子是素王，是玄圣，他作《春秋》以当新王，形貌又生得像古帝王……这些都是汉人的论调。难怪在他们那五行相生的感生说中，孔子也和那些帝王们并列，而以五行配合三百六十日，孔子也得到五分“七十二”中之一分了。凑巧孔子弟子相传本是七十人，由“七十”变为“七十二”是极顺手的，又何乐而不为呢？既有了“七十二弟子”，就不难再有一个“干七十二君”，不也是很显明的吗？知道了“七十二”为何与孔子发生关系，那么《论语·先进篇》“冠者五六人，童子六七人”，皇侃《义疏》引或曰：

“冠者五六，五六三十人也，童子六七，六七四十二人也。四十二就三十，合为七十二人也：孔门升堂者七十二人也。”

话虽说得凑巧，岂不白费了心思！

9 稷下先生七十二人的问题，也可以附带谈谈。稷下先生的人数，据《史记·田齐世家》是七十六人。《五经异义》说“战国时齐置博士之官”，有人说稷下的“先生”就是博士；秦依孔子弟子人数定博士员额，说不定齐国早已这样办过，所以稷下先生七十六人，与相传孔子弟子的人数相仿。在五行思想支配之下，孔子弟子的人数既变成了“七十二”，稷下先生的人数也变成“七十二”，倒也是意中事。

五

最后试探一下这个数字开始流行的时代。上举“七十二”以及像是由“七十二”变来的“七十余”和“七十”各例之中，绝大多数是西汉人的话；只三条（孔子“干七十二君”，龟卜“七十二钻”，封禅者“七十二代”）出于《庄子》。三条中，两条见外杂篇，一条佚文，也极像外、杂篇的文字。谈到外、杂篇，便难办了。“干七十二君”，据上文的分析，决不是早期的传说，我们尽可以有理由怀疑，至少篇中这一段文字，是出于西汉人之手。“七十二钻”，唐写本《庄子》及《文选·江赋》注，《太平御览·三九九》引，俱作“七十钻”；白居易《偶然》两首诗亦有“六十四卦七十钻”之语。今本“二”字，难保不是后人添的。总之以上两条，都不能充分地证明“七十二”这数字的流行是始于先秦的。

《庄子》佚文所载封禅者“七十二代”的传说，论其性质，确乎可以发生得较早。真正的封禅始于秦始皇二十八年，“七十二代”古帝王行封禅的故事，大概就是给始皇议封禅的“齐鲁之儒生博士七十人”传出的。在始皇二十八年，“七十二代”的说法，已经有了，是不成问题的；不过故事由儒生博士传出，却不是他们造的。因此我们不妨再向上追溯，看是否还有记载可稽。同样的故事又见于《管子·封禅篇》，但《封禅篇》是后人据《史记·封禅书》补入的，似乎不成问题；反正《管子》书年代也难确定，可以不去管它。可注意的倒是《吕氏春秋》的两处记载：《察今篇》“是故有天下者七十一圣”和《求人篇》“古之有天下也者七十一圣”。前者王念孙手校本改“一”作“二”似乎是对的，“七十二圣”即行封禅的七十二代，上引《淮南子·齐俗训》“古之封于泰山，禅于梁父，七十余圣”，亦称“圣”，可为旁证。但何以两篇都作“七十一”呢？是甲先写错，后来又据甲以改乙吗？如果这推测对的，那么“七十二”的这种特殊法的记载，又至少提早了二十年，因为《吕氏春秋》的成书在始皇八年。

文字的偶然记载，总归是在实际生活中流行了之后。所以“七十二”的流行，大致说来，发轫于六国时，至西汉而大盛。

“七十二”这数字流行的年历，便是五行思想发展的年历。这个数字之所以值得注意，正因它是一种思想——一种文化运动态的表征。

◎南宋　佚名　摹顾恺之洛神赋图（局部）

第十二章

道教的精神

自东汉以来，中国历史上一直流行着一种实质是巫术的宗教；但它却有极卓越的、精深的老庄一派的思想做它理论的根据，并奉老子为其祖师，所以能自称为道教。后人爱护老庄的，便说道教与道家实质上全无关系，道教生生地拉着道家思想来做自己的护身符，那是道教的卑劣手段，不足以伤道家的清白。另一派守着儒家的立场而隐隐以道家为异端的人，直认道教便是堕落了的道家。这两派论者，前一派是有意袒护道家，但没有完全把握道家思想的真谛；后一派，虽对道家多少怀有恶意，却比较了解道家，但仍然不免于“皮相”。这种人可说是缺少了点儿历史眼光。一个东西由一个较高的阶段退化到较低的，固然是常见的现象，但那较高的阶段是否也得有个来历呢？较高的阶段没有达到以前，似乎不能没有一个较低的阶段，我常疑心这哲学或玄学的道家思想必有一个前身，而这个前身很可能是某种富有神秘思想的原始宗教——或更具体点儿讲，一种巫教。这种宗教，在基本性质上恐怕与后来的道教无大差别，虽则在形式上与组织上尽可截然不同。这个不知名的古代宗教，我们可暂称为古道教，因之自东汉以来道教即可称之为新道教。我以为与其说新道教是堕落了的道家，不如说它是古道教的“复活”——不，古道教也许本来就没有“死”过，新道教只是古道教正常的、自然的组织而已。这里我们应把宗教和哲学分开，作为两笔账来清算。从古道教到新道教是一个系统的发展，所以应排在一条线上。哲学中的道家是从古道教中分泌出来的一种质素。精华既已分泌出来了，那所遗下的渣滓，不管它起什么发酵作用，精华是不能负责的。古道教经过一个时期的酝酿，后来发酵成天师道一类的形态——这是宗教自己的事，与那已经和宗教脱离了关系的道家思想何干？道家不但对新道教堕落了的行为可告无罪，它并且对古道教还有替它提炼出一些精华来的功绩。道教只有应该感谢道家的。但道家是出身于道教，恐怕是千真万确的事实——它若嫌这出身微贱，而想避讳或抵赖，那却是不应当的。

我所谓古道教究竟是什么样的东西呢？详细的说明，不是本文篇幅所许的，我现在只能絜要提出几点来谈谈。

后世的新道教虽奉老子为祖师，但真正接近道教的宗教精神的还是庄子。《庄子》书里实在充满了神秘思想，这种思想很明显是一种古宗教

○清　佚名　雍正帝行乐图·道装像（局部）

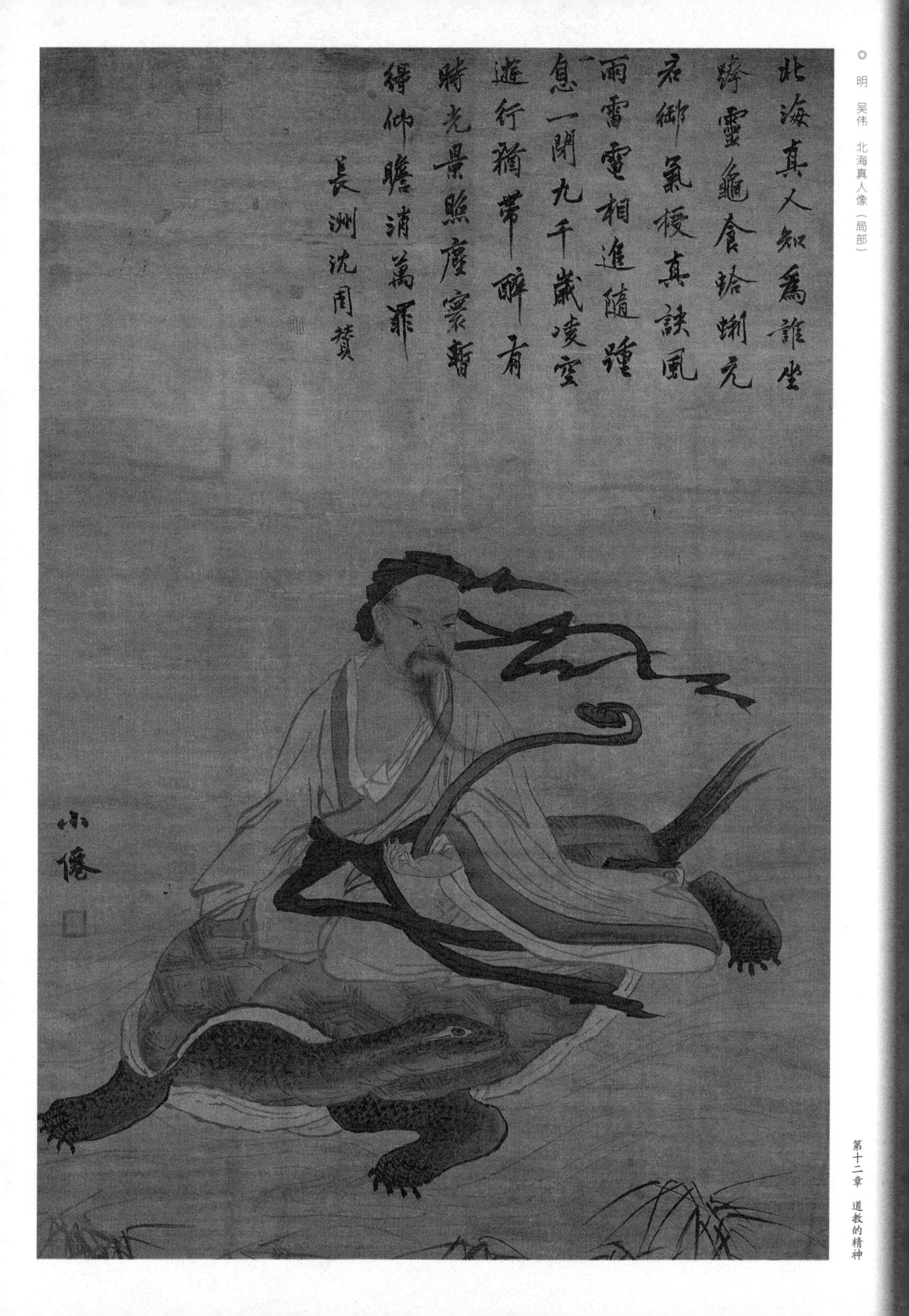

◎ 明　吴伟　北海真人像（局部）

◎ 明 佚名 王元帅图（局部）

的反映。《老子》书中虽也带有很浓的神秘色彩，但比起《庄子》似乎还淡得多。从这方面看，我们也不能不同意多数近代学者的看法，以为至少《老子》这部书的时代，当在《庄子》后。像下录这些《庄子》书中的片段，不是一向被“得意忘言”的读者们认为是庄子的“寓言”，甚或行文的辞藻一类的东西吗？

藐姑射之山，有神人居焉，肌肤若冰雪，绰约若处子，不食五谷，吸风饮露，乘云气，御飞龙，而游乎四海之外；其神凝，使物不疵疠，而年谷熟。……之人也，物莫之伤，大浸稽天而不溺，大旱金石流，土山焦而不热。（《逍遥游》）

夫道有情有信，无为无形；可传而不可受，可得而不可见；自本自根，未有天地，自古以固存；神鬼神帝，生天生地，在太极之先而不为高，在六极之下而不为深；先天地生而不为久，长于上古而不为老。豨韦氏得之，以挈天地；伏羲氏得之，以袭气母；维斗得之，终古不忒；日月得之，终古不息；堪坏得之，以袭昆仑；冯夷得之，以游大川；肩吾得之，以处大山；黄帝得之，以登云天；颛顼得之，以处玄宫；禺强得之，立乎北极；西王母得之，坐乎少广，莫知其始，莫知其终；彭祖得之，上及有虞，下及五伯；傅说得之，以相武丁，奄有天下，乘东维，骑箕尾而比于列星。（《大宗师》）

至人神矣，大泽焚而不能热，河汉冱而不能寒；疾雷破山，飘风振海而不能惊。若然者，乘云气，骑日月，而游乎四海之外，死生无变于己。（《齐物论》）

以上只是从《内篇》中抽出的数例，其余《外杂篇》中类似的话还不少。这些决不能说是寓言（庄子所谓“寓言”有它特殊的含义，这里暂不讨论），若是寓言，作者自己必先对于其中的可能性及真实性毫不怀疑，然后才肯信任它有阐明或证实一个真理的效用。你是决不会用“假”以证明“真”，或用“不可能”以证明“可能”的，庄子想也不会采用这样的辩证法。其实庄子所谓“神人”“真人”之类，在他自己是真心相信确有其“人”的。他并且相信本然的“人”就是那样具有超越性，现在的人之所以不能那样，乃是被后天的道德仁义之类所斫丧的结果。他称这本然的“人”为“真人”或“神人”或“天”，理由便在于此。

我们只要记得，灵魂“不死”的信念是宗教

的一个最基本的出发点，对庄子这套思想，便不觉得离奇了。他所谓“神人”或“真人”，实即人格化了的灵魂。所谓“道”或“天”实即“灵魂”的代替字。灵魂是不生不灭的，是生命的本体，所以是真的；因之，反过来这肉体的存在便是假的。真的是“天”，假的是“人”。全套的庄子思想可说从这点出发。其他多多少少与庄子接近的，以贵己重生为宗旨的道家中各支派，又可说是从庄子推衍下来的情绪。把这些支派次第排列下来，我们可以发现神秘色彩愈浅，愈切近实际，陈义也愈低，低到一个极端，便是神仙家、房中家（此依《汉志》分类）等低级而变态的养形技术了。冯芝生先生曾经说，杨朱一派的“贵生重己说”仅仅是不伤生之道；而对于应付他人伤我的办法，只有一“避”字诀。然人事万变无穷，害尽有不能避者。老子之学，乃发现宇宙间事物变化之通则，知之者能应用之，则可希望“没身不殆”。庄子之《人间世》亦研究在人世中，吾人如何可入其中而不受其害。然此等方法，皆不能保吾人以万全。盖人事万变无穷，其中不可见之因素太多故也。于是老学乃为打穿后壁之言曰：

吾所以有大患者，为吾有身。及吾无身，吾有何患？

◎ 明 丁云鹏 十八应真像（局部）

此真大彻大悟之言。庄学继此而讲“齐死去，同人我”。不以害为害，于是害乃真不能伤。由上面的分析，冯先生下了一个结论：“老子之学，盖就杨朱之学更进一层；庄子之学，则更进二层也。”冯先生就哲学思想的立场，把杨、老、庄三家所陈之义，排列成如上的由粗而精的次第，是对的。我们现在也可就宗教思想的立场，说庄子的神秘色彩最重，与宗教最接近；老子次之；杨朱最切近现实，离宗教也最远。由杨朱进一步，变为神仙房中诸养形的方技；再进一步，连用“渐”的方式来“养”形都不肯干，最好有种一服而“顿”即“变”形的方药——那便到了秦皇汉武辈派人求“不死药”的勾当了。庄和老是养神，杨朱可谓养生，神仙家中一派是养形、另一派是变形——这样由求灵魂“不死”变到求肉体“不死”，其手段由内功变到外功，外功中又由“渐”以至“顿”——这便包括了战国、秦、汉间大部分的道术和方技。而溯其最初的根源，却是一种宗教的信仰。

除道家神仙家外，当时还有两派“显学”，便是阴阳与墨家了。这两家与宗教的关系，早已被学者们注意到了，这里无须申论。我们现在应考核的，是两家所与发生关系的是种什么样的宗教——即上文所谓古道教，还是另一种或数种宗教。关于这一点，我们首先可以回答，他们是不属于儒家的宗教。由古代民族复杂的情形看去，古代的宗教应当不止一种。儒家虽不甘以宗教自命，其实也是从宗教衍化或解脱出来的，而这种宗教和古道教截然是两回事。什么是儒家的宗教呢？胡适之先生列举过古代宗教迷信的三个要点：

一、一个有意志知觉，能赏善罚恶的天帝；

二、崇拜自然界种种质力的迷信如祭天地日月山川之类；

三、鬼神的迷信，以为人死有知，能作祸福。故必须祭祀供养他们。

胡先生认为这三种迷信“可算得是古中国的国教，这个国教的教主是‘天子’”，并说“天子之名，乃是古时有此国教的铁证”。胡先生以这三点为古中国“国教”的中心信仰是对的；但他所谓“古中国”似乎是包括西起秦陇、东至齐鲁的整个黄河流域的古代北方民族，这一点似有斟酌的余地。傅孟真先生曾将中国古代民族分为东西两大系，是一个很重要的观察（不过所谓东西，当指他们远古时的原住地而言，后来东西互相迁徙，情形则较为复杂）。我以为胡先生所谓“国教”，只可说是东方民族的宗教，也便是儒家思想的策源地。至于他所举的三点，其实只能算作一点，因为前两点可归并到第三点中去。所谓“以为人死有知，能作祸福”的“鬼神迷信”确乎是宗教信仰的核心。其实说“鬼神迷信”不如单说“鬼的迷信”，因为在儒家的心目中，神只是较高级的鬼，二者只有程度的悬殊，而无种类的差异。所谓鬼者，即人死而又似未死，能饮食、能行动。他能作善作恶，所以必须以祭祀的手段去贿赂或报答他。总之事鬼及高级鬼——神之道，一如事人，因为他即生活在一种不同状态中的“人”，他和生人同样，是一种物质，不是一种幻想的存在。明白了这一层，再看胡先生所举的第一点。既然那作为教主的人是“天子”——天之子，则“天”即天子之父，天子是“人”，则天子之父按理也必须是“人”了。由那些古代帝王感天而生的传说，也可以推到同样的结论。我们从东方民族的即儒家的经典中所认识的“天”，是个人格的“天”，那是毫不足怪的。这个天神能歆飨饮食，能作威作福，原来他只是由人死去的鬼中之最高级者罢了。天神即鬼，则胡先生的第一点便归入第三点了。

《鲁语》载着一个故事，说吴伐越，凿开会稽山，得到一块奇大无比的骨头，碰巧吴使聘鲁，顺便就在宴会席上请教孔子。孔子以为那便是从前一位防风氏的诸侯的遗骸。他说：

山川之灵，足以纪纲天下者，其守为神；社稷之守为公侯，皆属于王者。

吴使又问：“防风所守的是什么？”他又答道：

江芒氏之君也，守封嵎之山者也，为漆姓。在虞、夏、商、周为汪芒氏，于周为长狄，今为大人。

这证明了古代东方民族所谓山川之神乃是从前死去了的、管领那山川的人，而并非山川本身。依胡先生所说祭山川之类是“崇拜自然界种种质力的迷信”，那便等于说儒家是泛神论者了。其

明　张路　杂画十八开（局部）

○ 明 张路 杂画十八开（局部）

◎ 明 张路 杂画十八开（局部）

◎ 明 张路 杂画十八开（局部）

◎ 明 张路 杂画十八开（局部）

◎ 明 张路 杂画十八开（局部）

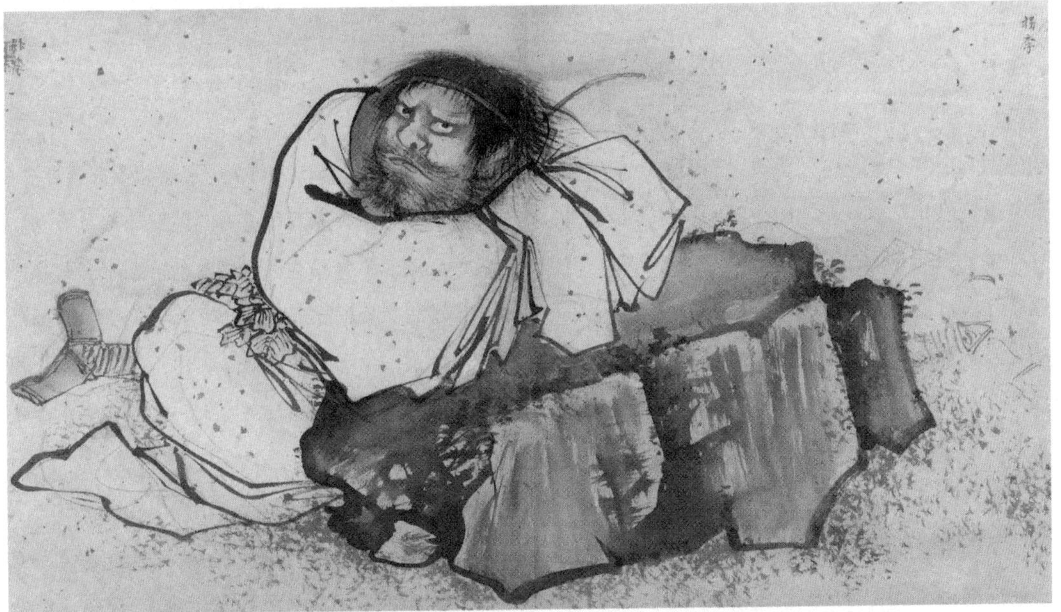

实他们的信仰中毫无这种意味。胡先生所举的第二点也可以归入第三点。

儒家鬼神观念的真相弄明白了，我们现在可以转回去讨论道家了。上文我们已经说过，道家的全部思想是从灵魂“不死”的观念推衍出来的。以儒道二家对照了看，似乎儒家所谓死人“不死”，是形骸“不死”；道家则是灵魂“不死”。形骸“不死”，所以要厚葬，要长期甚至于永远地祭祀。所谓“祭如在，祭神如神在”之“在”，乃是物质的存在。唯怕其不能“如在”，所以要设尸，以保证那“如在”的最高度的真实性。这态度可算执着到万分，实际到万分，也平庸到万分了。反之，道家相信形骸可死而灵魂“不死”，而灵魂又是一种非物质的存在，所以他对于丧葬祭祀，处处与儒家立于相反的地位。《庄子·列御寇篇》载有庄子自己反对厚葬的一段话，但陈义甚浅，无疑是出于庄子后学的手笔。倒是汉朝“学黄老之术”而主张“裸葬以反真”的杨王孙发了一篇理论，真能代表道家的观念。

且夫死者终身之化，而物之归者也。归者得至，化者得变，是物各反其真也。反真冥冥，亡声亡形，乃合道情。夫饰外以华众，厚葬以鬲真，使归者不得至，化者不得变，是使物各失其所也。且吾闻之：精神者天之有也，形骸者地之有也。精神离形，各归其真，故谓之鬼，鬼之言归也，其尸块然独处，岂有知哉？裹以币帛，鬲以棺椁，支体络束，口含玉石，欲化不得，郁为枯腊，千载之后，棺椁朽腐，乃得归土，就其真宅，由是言之，焉用久客？

这完全是形骸死去、灵魂永生的道理，灵魂既是一种“无形无声”超自然的存在，自然也用不着祭祀的供养了。所以儒家的重视祭祀，又因祭祀而重视礼文，在道家看来，真是太可笑了。总之儒家是重形骸的，以为死后，生命还继续存在于形骸，他们不承认脱离形骸后灵魂的独立存在。道家是重视灵魂的，以为活时生命暂寓于形骸中，一旦形骸死去，灵魂便被解放出来——而得到这种绝对自由的存在，那才是真的生命。这对于灵魂的承认与否，便是产生儒道二家思想的两个宗教的分水岭。因此二派哲学思想中的宇宙论、人生论或知识论，以至政治思想等，无不随着这宗教信仰上先天的差别背道而驰了。

作为儒道二家的前身的宗教信仰既经判明

了，我们现在可以回到阴阳家与墨家了。阴阳家的学说本身是一种宇宙论，就其性质讲，与儒家远而与道家近，是一望而知的。至于他们那天人相应的理论，则与庄子返人于天之说极相似，所以尽可以假定阴阳家与道家是同出于一个原始宗教的，司马谈论道家曰：

其为精也，因阴阳之大顺，采儒墨之善，撮名法之要。

这里分明是以阴阳家思想为道家思想的主体或间架，而认儒、墨、名、法等只有补充修正的附加作用。这也许是受阴阳家影响之后的道家的看法。然即此也可见阴阳家与道家的血缘，本来极近，所以他们的结合特别容易。钱宾四先生曾说“墨氏之称墨，由于薄葬”。我认为称墨与“薄葬”的关系如何还难确定，“薄葬”为墨家思想的最基本的核心，却是可能的；若谓“薄葬”之义生于“节用”，那未免把墨家看得太浅薄了。何况节用很多，墨子乃专在丧葬上大做文章，岂不可怪？我疑心节葬的理论是受了重灵魂、轻形骸的传统宗教思想的影响，把节葬与节用连起来讲，不如把它和墨家重义轻生的态度看作一贯的发展。斤斤于“身体发肤，受之父母，不敢毁伤”的儒家，虽也讲“杀身成仁”，但那究竟是出于不得已。墨家本有轻形骸的宗教传统，所以他们蹈汤赴火的姿态是自然的，情绪是热烈的，与儒家真不可同日而语。墨家在其功利主义上虽与儒家极近，但这也可说是墨子住在东方，接受了儒家的影响，在骨子里墨与道要调和得多，宋钘、尹文不明明是这两派间的桥梁吗？我疑心墨家也是与道家出于那古道教的。《庄子·天下篇》的作者把墨翟、禽滑鳌也算作曾经闻过古之道术者，与宋钘、尹文、彭蒙、田骈、慎到、关尹、老聃、庄周等一齐都算作知“本数”的，而认“邹鲁之士，缙绅先生”所谈的只是“末度”。《天下篇》的作者显然认为墨家等都在道家的圈子里，只有儒家当除外。他又说“道术将为天下裂”，然则百家（对儒而言）本是从一个共同的“道”分裂出来的，这个未分裂以前的“道”是什么？莫非就是所谓古道教吧！这古道教如果真正存在的话，我疑心它原是中国古代西方某民族的宗教；与那儒家所从导源的东方宗教比起来，这宗教实在超卓多了，伟大多了，美丽多了，姑不论它的流裔是如何没出息！

第十三章

说鱼

一 什么是隐语

我们这里是把“鱼”当作一个典型的隐语的例子来研究的。所以最好先谈谈什么是隐语。

隐语，古人只称作“隐”，它的手段和“喻”一样，而目的完全相反。“喻”训“晓”，是借另一事物来把本来说不明白的说得明白点儿；“隐”训“藏”，是借另一事物来把本来可以说得明白的说得不明白点儿。“喻”与“隐”是对立的，只因二者的手段都是拐着弯儿，借另一件事物来说明一事物，所以常常被人混淆起来。但是混淆的原因尚不止此，纯粹的“喻”和纯粹的“隐”，只占“喻”和“隐”中的一部分，“喻”有所谓“隐喻”，它的目的似乎是一边在喻，一边在隐；而在多数的“隐”中，作为隐藏工具的（谜面）和被隐藏的（谜底），常常是两个不同量的质，而前者（谜面）的量多于后者（谜底），以量多的代替量少的，表面上虽是隐藏（隐藏的只是名），实质上反而让后者的质更突出了。这一来，“隐”岂不变成“喻”了吗？这便是说，“喻”与“隐”，目的虽不同，效果常常是相同的。手段和效果皆同，不同的只是目的，同的占了三分之二，所以“喻”与“隐”之常被混淆，还是有道理的。

“隐”在《六经》中，相当于《易》的“象”和《诗》的“兴”（“喻”不用讲，是《诗》的“比”）；预言必须有神秘性（天机不可泄露），所以占卜家的语言中少不了“象”。《诗》——作为社会诗、政治诗的《雅》和作为风情诗的《风》，在各种性质的沓布（taboo）的监视下，必须带着伪装，秘密活动。所以诗人的语言中，尤其不能没有“兴”。“象”与“兴”实际都是“隐”，有话不能明说的“隐”。所以《易》有《诗》的效果，《诗》亦兼《易》的功能，而二者在形式上往往不能分别。下文所引的《易・剥・六五》《爻辞》和卫侯贞卜的《繇辞》，便是明证。

清 冷枚 神仙故事图（局部）

隐语的作用，不仅是消极地解决困难，而且是积极地增加兴趣，困难愈大，活动愈秘密，兴趣愈浓厚——这里便是隐语的，也便是《易》与《诗》的魔力的泉源。但，如果根本没有隐藏的必要，纯粹地为隐藏而隐藏，那便是兴趣的游戏、魔力的滥用，结果便成了谜语。谜语是耍把戏的语言，它的魔力是廉价的，因为它不是必需品。

隐语应用的范围，在古人生活中，几乎是难以想象地广泛。那是因为它有着一种选择作用的社会功能，在外交场中（尤其是青年男女间的社交），它就是智力测验的尺度。国家靠它甄拔贤才，个人靠它选择配偶——甚至就集体的观点说，敌国间还靠它伺探对方的实力。一般说来，隐语的艺术价值，并没超过谜语，然而它的地位却在谜语之上——那正是为了它的这种社会价值。不用讲，我们之所以重视隐语，也就因为它是这样一种充沛着现实性的艺术。

《易》中的“象”与《诗》中的“兴”，上文说过，本是一回事，所以后世批评家也称《诗》中的“兴”为“兴象”。西洋人所谓意象、象征，都是同类的东西；而用中国术语说来，实在都是“隐”。

◎ 明 缪辅 鱼藻图

鱼 二

在中国语言中，尤其在民歌中，隐语的例子很多，以鱼来代替“匹偶”或“情侣”的隐语，不过是其间之一。时代至少从东周到今天，地域从黄河流域到珠江流域，民族至少包括汉、苗、瑶、壮，作品的种类有筮辞、故事、民间的歌曲和文人的诗词——这是它出现的领域。现在我们依照不太严格的时代顺序，举例如下：

贯鱼，以宫人宠，无不利。（《易·剥·六五》）

“以”犹“于”也，“以宫人宠”犹言“于宫人有宠”。“贯鱼”是一连串的鱼群；“宫人”是个集体名词，包括后、夫人、嫔妇、御女等整群的女性，“贯鱼”是宫人之象，因为“鱼”是代替匹偶的隐语。依《易经》体例说“以宫人宠”是解释“贯鱼”的象义的。李后主《木兰花词》“晚妆初了明肌雪，春殿嫔娥鱼贯列”，第二句可以作本爻很好的注脚。它即便不是用《易经》的典，我们也不妨这样利用它。

卫侯贞卜，其繇曰：“如鱼窥尾，衡流而方洋……”（《左传·哀公十七年》）

疏引郑众说曰：“鱼劳则尾赤，方羊游戏，喻卫侯淫纵。”以鱼的游戏喻卫侯的淫纵，则鱼是象征男性情偶的隐语。

遵彼汝坟，伐其条枚；未见君子，惄如调（朝）饥。

遵彼汝坟，伐其条肄；既见君子，不我遐弃。

鲂鱼赪尾，王室如燬；虽则如燬，父母孔迩。（《周南·汝坟》）

窥“赪”一字，根据上条，本条鱼字的隐语的性能，是够明显的。所应补充的是，上文“未见君子，惄如调（朝）饥”的“调饥”也是同样性质的“隐语”。“王室”指王室的成员，有如“公子”“公族”“公姓”等称呼，或如后世称“宗室”“王孙”之类；“燬”即“火”字，“如火”极言王孙情绪之热烈。“父母孔迩”一句是带着惊慌的神气讲的。这和《将仲子篇》“仲可怀也，父母之言，亦可畏也”表示着同样的顾虑。

敝笱在梁，其鱼鲂鳏——齐子归止，其从如云。

敝笱在梁，其鱼鲂鱮——齐子归止，其从如雨。

敝笱在梁，其鱼鲂鲤——齐子归止，其从如水。（《齐风·敝笱》）

旧说以为“笱”是收鱼的器具，笱坏了，鱼留不住，便摇摇摆摆自由出进，毫无阻碍，好比失去夫权的鲁桓公管不住文姜，听凭她和齐襄公鬼混一样。

另一说：“敝笱”象征没有节操的女性；唯唯然自由出进的各色鱼类，象征她所接触的众男子。这一说似乎更好，因为通例是以第三句应第一句，第四句应第二句。并且我们也不要忘记，“云”与“水”也都是性的象征。但无论如何，“鱼”是隐语，是不成问题的。

桓公使管仲求宁戚，宁戚应之曰:“浩浩乎！育育乎！”管仲不知，至中食而虑之。婢子曰：“公何虑？”管仲曰：“……公使我求宁戚，宁戚应我曰：‘浩浩乎！育育乎！’吾不识。”婢子曰：“《诗》有之：‘浩浩者水，育育者鱼；未有家室，而安召我居？’宁子其欲室乎！”（《管子》）

最后几句的意义，经过尹注的解释，尤其清楚，注曰：“水浩浩然盛大，鱼育育然相与而游其中，喻时人皆得配偶，以居其室中，宁子有伉俪之思，故陈此诗以见意。”

江南可采莲，莲叶何田田。鱼戏莲叶间，鱼戏莲叶东，鱼戏莲叶西，鱼戏莲叶南，鱼戏莲叶北。（《江南》）

“莲”谐“怜”声，这也是隐语的一种，这里是“鱼”喻男，“莲”喻女，说鱼与莲戏，实等于说男与女戏，上引郑众解《左传》语：“鱼……方羊游戏，喻卫侯淫纵。”可供参证。唐代女诗人们还是此诗的解人，鱼玄机《寓言》诗曰：“芙

◎ 清 恽寿平 燕喜鱼乐图（局部）

蓉叶下鱼戏，蟏（蠨）蛸天边雀声；人世悲欢一梦，如何得作双成？”薛涛得罪了元稹后，献给元稹的《十离诗》之一，《鱼离池》曰：“戏跃莲池四五秋，常摇朱尾弄银钩；无端摆断芙蓉朵，不得清波更一游。”

……当复思东流之水，必有西上之鱼；不在大小，但有朝于复来！（《前缓歌行》）

“不在大小”是以鱼之大小喻人之美丑，和龙阳君说的“后得又益大”（详下）之意相同。上文“但有意气，不能自前”，“意气”即情义，《白头吟》“男儿重意气，何用钱刀为”可证。

枯鱼过河泣，何时悔复及！作书与鲂鲔，相教慎出入。（《枯鱼过河泣》）

这是失恋的哀歌，下引《子夜歌》便是佐证。

……客从远方来，遗我双鲤鱼，呼儿烹鲤鱼。中有尺素书。长跪读素书，书中竟何如？上言加餐饭，下言长相忆。（《饮马长城窟行》）

这鲤鱼指书函，书函刻成鱼的形状，所以烹鱼而“中有尺素书”（详拙著《乐府诗笺》）。但书函何以要刻成鱼形呢？我从前没有说明，现在才恍然大悟，那是象征爱情的。唐代女道士李冶《结素鱼贻友人》诗：“尺素如残雪，结为双鲤鱼；欲知心里事，看取腹中书。”元稹《鱼中素诗》：“重叠鱼中素，幽缄手自开；斜红余泪渍，知著脸边来。”用意也都一样。

开门枕流水，三刀治一鱼，历乱伤杀汝。（《华山畿》）

“开门枕流水”——与《安南情歌》“妹家门前有条沟”，《黑苗情歌》“姐家门前有条沟”，是同类的隐语。

常虑有贰意，欢今果不齐；枯鱼就浊水，长与清流乖。（《子夜歌》）

回望高城落晓河，长亭窗户压微波；水仙欲上鲤鱼去，一夜芙蓉红泪多。（李商隐《板桥晓别》）

小小鱼儿粉红腮，上江游到下江来，头动尾巴摆。……（《扬州小调》）

天上星多月不明，河里鱼多水不清；朝中官多要造反，小大姊郎多要花心。（《靖江情歌》，都安《侬瑶情歌》略同）

妹娇娥，怜兄一个莫怜多；已娘莫学鲤兄子，

那河游到别条河。（《粤风》）

行桥便行桥，船仔细细载双娘；鲤鱼细细会游水，郎君细细会睇娘。（《海丰峯歌》）

青铜缠在金杵上，花鱼退下江水滩；二人林里交情意，得道团圆去会央。

四（使）得有仪连着妇，无茶吃水尚甘心；东海鲤鱼身代宝，西海鲤鱼身代珠。

（以上榴江《板瑶情游歌》）

气死为兄命一条，有病得来无人晓。鱼在江边晒日死，少个媒人在里头。

塘里闹鱼气死虾，慢慢来把妹庚查。如今世界大不对，白盐出卖有渗沙。

（以上榴江《板瑶情歌》）

流落安南化媚洞，脚踏娥媚殿上飞；望情新年八未岁，滩鱼下水好忧鳃。

自从离天隔万丈，难比士英抛绣球；揽元无恩难靠水，莲塘无水也无鱼。

（以上贺县《盘瑶情歌》）

天上七星配七星，地下狮子配麒麟。山中禽兽皆有配，水里无鱼是配谁！（陵云《背笼瑶恋爱歌》）

妹是鲤鱼不食钩，哄哥食饭不成食。一条河水去悠悠，好是仙花水上浮。

有情有意跟花去，看花落在那滩头。一条河水去悠悠，金鱼鲜鱼水上浮。

（以上镇边《黑衣恋爱歌》）

妹讲信伴不信伴，好比鲤鱼心事多。妹今话语说得好，妹的心事是如何？（三江《僮人情歌》）

壁上画马求麒麟，漂亮情妹邪死人；好似鲤鱼浮水面，邪死一河南岸人。（桂平《板瑶情歌》）

鲤鱼在水鱼尾摆，大树风吹尾摇摇；我俩有情当天拜，何用拿香进庙烧？（平治《白瑶恋爱歌》）

火烧南京八过（角）楼，哥今无妻也要游。老虎想吃走夜路，鲤鱼想水望滩头。

哥为妹来哥为妹，鸟为青山鱼为河；哥不成人因为妹，粮田丢荒为娇娥。

（以上上东《陇瑶合情歌》）

哥是画眉同一行，哥是鲤鱼同一郡；哥是牡丹同一树，哥是 x 村来的人。

山羊食草在小坡，今晒（金色）鲤鱼在黄河；哥有真心来连妹，说妹二人莫丢哥。

（以上都安《陇瑶对歌》）

因为乾坤愁忧忆，困在学堂难过秋。两步合成心欢喜，同如春水配鲤鱼。（荔浦《板瑶寄情歌》）

重留姐妹二单身，破守清平受世亏。盛（胜）比鲤鱼塘里困，不有那日得欢时。

人亮胜比西洋镜，地图四国看清时；小肚胜如大（地？）中海，千鱼衔选那分亏？

（以上修仁《板瑶苦情歌》）

好股凉水出岩脚，太阳出来照不着；郎变犀牛来吃水，妹变鲤鱼来会合。（《贵阳民歌》《仲家情歌》略同）

妹家门前有条沟，金盆打水喂鱼鳅；鱼鳅不吃金盆水，郎打单身不害羞？（《安南民歌》）

大风打动田坎塘，鲤鱼打动水中央；唱个山歌打动妹，明明打动我同娘。

从没到过这个山，鲤鱼没在这条江；丢久没见这个表，哥们回家睡不安。

吃了早饭爬大山，抓把木叶丢下滩；大鱼小鱼都死了，不得情哥心不甘。

（以上《黑苗情歌》）

初会娘，燕子初会高楼房，鲤鱼初会大江水，我郎初会有钱娘。

哥哥送我到河中，对对金鱼水上浮；鱼儿也知风流事，可笑哥哥好朦胧。

十字街头哥爱坐，跌水滩头鱼爱游；鲤鱼就爱滩头水，情哥就爱妹风流。

一蓬慈姑开白花，那时得你坐一家；那时得你同床睡，犹如鲤鱼看龙虾。

大河涨水水登坡，鲤鱼衔花顺水梭；青年时候不玩婊，腊月梅花枉自多。

鱼在河中鱼显鳃，花在平河两岸开；鱼在水中望水涨，哥在床上望妹来。

鱼在坝脚听水响，哥在花园看花香；听说表乡花儿好，特意来看花朝阳。

枉自偷来枉自偷，好比鲤鱼跳干沟；干沟无水枉自跳，姐们无心枉自偷。

（以上《仲家情歌》）

大河涨水白浪翻，一对鲤鱼两分散；只要少郎心不死，哪怕云南隔四川。（《昆明民歌》）

大河涨水沙浪沙，一对鲤鱼一对虾；只见鲤鱼来摆子，不见小妹来探花。

新来秧雀奔大山，新来鲤鱼奔龙潭；新来小妹无奔处，奔给小郎做靠山。

（以上《寻甸民歌》）

河中有鱼郎来寻，河中无鱼郎无影；有鱼之时郎来赴，无鱼之时郎费心。（《会泽民歌》）

依封建时代的观念，君臣的关系等于夫妻的关系，所以象征两性的隐语，扩大而象征君臣。蜀先帝得到诸葛亮，自称“如鱼得水”便是一例。

三 打鱼 钓鱼

正如“鱼”是匹偶的隐语，“打鱼”“钓鱼”等行为是求偶的隐语。

1. 打鱼

新台有泚，河水濔濔；燕婉之求，籧篨不鲜。新台有洒，河水浼浼；燕婉之求，籧篨不殄。鱼网之设，鸿则离之——燕婉之求，得此戚施！（《邶风·新台》）

旧说这是讽刺卫宣公强占太子伋的新妇——齐女的诗，则“鱼”喻太子（少男），“鸿”喻公（老公）。“鸿”“公”谐声，“鸿”是双关语。我从前把这“鸿”字解释为“虾蟆”的异名，虽然证据也够确凿的，但与《九罭篇》的“鸿”字对照了看，似乎仍以训为鸟名为妥。

九罭之鱼鳟鲂：“我觏之子，衮衣绣裳。鸿飞遵渚：公归无所，于（与）女（汝）信处。鸿飞遵陆：公归不复，于（与）女（汝）信宿。是以有衮衣兮，无以我公归兮，无使我心悲兮。”（《豳风·九罭》）

这首诗相当麻烦，除非破一个字，读“于”为“与”是没有办法的。扮演着诗中情节的角色，除诗人自身外，还有两个，一个是公，一个是“之子”——似乎就是公的儿子，这从他的服装“衮衣绣裳”可以证明。“鱼”喻公子，“鸿”喻公（此“鸿”字也是谐“公”声的双关语）。再宿曰“信”。“以”，“与”也。故事是：公和公子因事来到她（诗人）这里，她和公子发生了爱情。现在公该走了，为了不让她所心爱的人跟公走掉，她把他的衮衣藏起了，并且对他说道：咱们公一走掉，就不知去向，也不知道何年何月再回来，万一你也跟他走掉，还不是一样吗？得了，让我跟你再住一夜吧！为了这桩心事，所以我把你的衮衣藏起。是呀！请不要跟公走掉了，白叫我心里难过！“九罭”是密网，“鳟鲂”是大鱼，用密网来拦大鱼，鱼必然逃不掉，好比用截留衮衣的手段来留公子，公子也必然走不脱一样。

登白薠兮骋望，与佳期兮夕张（帐）。鸟何萃蘋中，罾何为兮木上？（《九歌·湘夫人》）

“鸟何萃”二句是隐语，喻所求失宜，必不

可得。“罾”在木上即缘木求鱼之意。

张罾不得鱼，不（？）橹空罾归。（《欢闻恋歌》）

手上无罾又无网，两手空拍看鱼浮；平地有柴妹不砍，镇山英雄砍山峰。

不长不短尽好看，好比白马配金鞍；好汉打鱼来下水，那个贫汉不讲笑！

（以上镇边《黑衣恋爱歌》）

天上无风燕子飞，江河无水现沙磊；鱼在深塘空得见，哄哥空把网来圈。（三江《僮人情重歌》）

半边月亮两头钩，照见云南连贵州；塘水无风空起浪，哄哥拿网撒江头。（榴江《板瑶情歌》）

一条河水清又清，两边绕有打鱼人；打鱼不得不收网，连妹不得不放心。

哥讲唱歌就唱歌，哥讲打鱼就下河；打鱼不怕滩头水，唱歌不怕歌人多。

（以上平治《白瑶恋爱歌》）

大河里涨水小河分，两边只见打鱼人；我郎打鱼不到不收网，恋姐不到不放心。（《安化民歌》）

久不唱歌忘记歌，久不打鱼忘记河；久不打鱼河忘记，久不连姐脸皮薄。（《安南民歌》《仲家情歌》略同）

砍柴要靠这边山，打鱼还靠这边潭；玩娘要玩这一个，拿当别人不稀罕。（《仲家情歌》）

急水打鱼尽网丢，有鱼无鱼慢慢收；食禄天注定，姻缘前世修。（未详）

2. 钓鱼

其钓维何？维丝伊缗——齐侯之子，平王之孙。（《召南·何彼秾矣》）

籊籊竹竿，以钓于淇——岂不尔思？远莫致之。（《卫风·竹竿》）

魏王与龙阳君共船而钓，龙阳君得十余鱼而涕下，王曰：“有所不安乎？如是，何不相告也？”对曰：“臣无敢不安也。”王曰：“然则何为涕出？”曰：“臣为臣之所得鱼也。”王曰：“何谓也？”对曰：“臣之始得鱼也，臣甚喜；后得又益大，今臣直欲弃臣前之所得矣。今以臣之凶恶，而得为王拂枕席，今臣爵至人君，走人于庭，辟人于途，四海之内，美人亦甚多矣；闻臣之得幸于王也，必褰裳而趋王，臣亦犹曩臣之前所得鱼也，

臣亦将弃矣，臣安能无涕出乎？”（《魏策四》）

龙阳君显然是因为在魏王跟前，按照自己当时的身份，用习惯的象征语言说，正当被呼作“鱼”，所以就很自然地从鱼的命运中看出了自己的命运。换言之，由于语言的魔术性的暗示，他早已将自己和鱼同体化了，他看到鱼，便看到了自己。因此忽然有所感触，便本能地自悲起来——这和普通的比喻，无疑是不一样的。

芳树日月，君乱如（挐）于风。芳树不上无心温，而鹄三而为行。临兰池，心中怀我怅；心不可匡，目不可顾，妒人之子愁杀人。君有他心，乐不可禁，王将何似？如孙（荪）如（伽）鱼乎？悲矣！（《铙歌·芳树》）

这诗里有很多字句不好懂，但是一首情诗则无问题。“兰池”是池名，“孙”读为“荪”，“荪”即“荃”字，是一种饵鱼的香草。下“如”字读为“伽”，《诗·民劳》“柔远能迩”，笺：“能”犹“伽”也。“伽”是招徕、招致之意，“荪”喻王，“鱼”是妇人自喻，“如荪伽鱼乎？”是说：“你将香草勾引鱼一样地收取我吗？”

凄凄复凄凄，嫁娶不须啼；愿得一心人，白头不相离。竹竿何嫋嫋，鱼尾何簁簁！男儿重意气，何用钱刀为！（《白头吟》）

钓竿何珊珊！鱼尾何簁簁！行路之好者，芳饵欲何为！（魏文帝《钓竿行》）

钓鱼钓到正午后，鱼未食饵心早操；收起钓竿回去室，打隔无还此路头。（男唱）

钓鱼钓到正午后，鱼未食饵心勿操；日头钓鱼鱼见影，有心钓鱼夜昏头。（女唱）

（《琼崖民歌》）

七文溪水七文深，七个鲤鱼头带金；七条丝线钓不起，钓鱼阿哥空费心。（《潮州民歌》）

太阳落坡坡背阴，坡背有个钓鱼坑；有心钓鱼用双线，有心连妹放宽心。

筋竹林头砍钓竿，闲着无事钓鱼玩；河中鱼儿翻白肚，不上金钩也枉然。

（以上《安顺民歌》）

姐家门口有条沟，有对金鸡在里头；哥打金钩来下钓，好对鲤鱼莫吃钩。

山歌好唱难起头，木匠难造吊脚楼；瓦匠难烧透明瓦，铁匠难打细鱼钩。

（以上《黑苗情歌》）

一林竹子砍一棵，不钓深滩钓黄河；深滩黄河哥不钓，单钓城里小幺婆。（《青苗情歌》）

大河涨水滩对滩，沿河两岸紫竹山；别人说他没有用，我说拿做钓鱼竿。（《寻甸情歌》）

池中游红鱼，劝郎携钓竿。（《云龙小调》）

◎ 元 吴镇 芦滩钓艇图（局部）

四 烹鱼 吃鱼

以“烹鱼”或“吃鱼”喻合欢或结配。

匪风发兮，匪车偈兮，顾瞻周道，中心怛兮！

匪风飘兮，匪车嘌兮，顾瞻周道，中心吊兮！

谁能亨（烹）鱼，溉（概）之釜鬵——谁将西归，怀（遗）之好音！（《桧风·匪风》）

“溉”，《释文》本作“摡”，《说文·手部》亦引作“摡”。这里当读为“乞”，今字作“给”，“溉（概）之釜鬵”就是“给他一口锅”。“釜鬵”是受鱼之器，象征女性，也是隐语。看上文“顾瞻周道”和下文“谁将西归”，本篇定是一首望夫词，这是最直截了当的解释。

衡门之下，可以栖迟；泌之洋洋，可以乐（疗）饥。

岂其食鱼，必河之鲂？——岂其娶妻，必齐之姜？

岂其食鱼，必河之鲤？——岂其娶妻，必宋之子？（《陈风·衡门》）

前人说“衡门”是横木为门，言其浅陋，并用这和下文“乐饥”之语，来证明本篇是一位隐士作的诗——这未免太可笑了。“衡”读为“横”，是对的，但不当释为横木。《南山篇》“衡从其”，《韩诗》作“横”，曰：“东西曰横。”（《一切经音义·三又六》引）横门当是陈国都城东西头之门，如他篇言“东门”“北门”之类。汉代长安也有横门（《汉书·西域传》），据《三辅黄图》，是“长安城北出西头第一门”。陈国横门命名之义，想必一样。《国风》中讲到男女相约之地，或曰“城隅”，或曰“城阙”，或曰某“门”，即国城的某门。本篇的“衡门”也还是这一类的场所，“栖迟”于“衡门”之下，和《静女篇》的“俟我于城隅”，《子衿篇》的“在城阙兮”，也都是一类的故事。并且古代作为男女幽会之所的高禖，其所在地，必依山傍水，因为那是行秘密之事的地方（《左传·庄公三十二年》：“初公筑台临党氏，见孟任，从之閟，而以夫人言许之，割臂盟公，生子般焉。”“閟”“密”同，即行秘密之事），所以山和水，都叫作“密”，或分别字体，山名作“密”，水名作“泌”。本篇之“泌水”便是这样一般的水，因为水边有山，而山名也叫“密”，所以有人说本篇的“泌”字是丘名（蔡邕《郭有道碑》“栖迟泌丘”，《周巨胜碑》“洋洋泌丘，于以逍遥”）。《广雅·释丘》：“丘下有水为泌丘。”大概是调停二说的。其实要紧的是弄清这种山和这种水在民俗学中的性质，倒不必斤斤于山名水名的争执。诗人这回显然是和女友相约，在衡门之下会面，然后同往泌水之上。《释文》引郑本“乐”作，即“疗”字。《韩诗外传·二》，《列女传·老莱子妻传》，《文选·郭有道碑》注引《诗》并作“疗”。“饥”是隐语，已见上文，“泌之”言秘密也，“疗饥”是秘密之事，所以说“泌之洋洋，可以疗饥”。

一条江水白涟涟，两个鳒鱼在两边；鳒鱼没鳞正好吃，小弟单身正好怜。（《粤风》）

妹不吃鱼哥不信，鱼头又有鲤鱼鳞；妹讲不吃塘中水，何必甘心去连人？（忻城《盘瑶风流歌》）

山歌好唱口难开，仙桃好吃树难栽；秘密痛苦实难说，鳞鱼好吃网难抬。（《贵阳民歌》，淮南略同）

天上下雨地下滑，池中鱼儿摆尾巴；哪天得鱼来下酒，哪天得妹来当家！（《安南民歌》）

大河涨水小河翻，两边两岸杨梅山；要吃杨梅上树采，要吃鲤鱼下水捉。（《黑苗情歌》）

吃鱼要吃大头鱼，不吃细鱼满嘴流；连娘要连十八岁，不连小小背名偷。

大河涨水淹半岩，两边修起钓鱼台；有心吃鱼放双线，有心玩姐忠心来。

（以上《仲家情歌》）

要吃辣子种辣秧，要吃鲤鱼走长江；要吃鲤鱼长江走，要玩小妹走四方。（《宣威民歌》《仲家情歌》略同）

一对鲤鱼活鲜鲜，小妹来在大河边；要吃小鱼随郎捡，要吃大鱼要添钱。（《晋宁民歌》）

五 吃鱼的鸟兽

另一种更复杂的形式，是除将被动方面比作鱼外，又将主动方面比作一种吃鱼的鸟类，如鸬鹚、白鹭和雁；或兽类，如獭和野猫。

维鹈在梁，不濡其味——彼其之子，不遂其媾。

荟兮蔚兮，南山朝隮——婉兮娈兮，季女斯饥。（《曹风·候人》）

鹈即鹈鹕，是一种捕鱼的鸟，又名鸬鹚，俗名水老鸦。伫立在鱼梁上，连嘴都没浸湿的鹈鹕，当然是没捕着鱼的。这是拿鹈鹕捕不着鱼，比女子见不着她所焦心期待的男人。和同类的篇章一样，这也是上两句是隐语，下两句点出正意。“朝隮”即朝云，这和“饥”字都是隐语，说已详上。

朱鹭！鱼以（已）乌（歍），路訾（鹭鹚）邪！鹭何食？食茄（荷）下，不之食，不以吐，将以问诛（姝）者？（《铙歌·朱鹭》）

“歍”，吐也；“诛”疑读为“姝”，《诗·干旄》：“彼姝者子。”大意是说：鸬鹚捕到了鱼，又把它吐出来了——那么，鸬鹚呀！你吃什么呢？现在你站在荷叶底下，把它含在嘴里，既不吃下去，又不吐出来，这是干什么的？末句的意思不大懂，全篇大意，是讽刺男子和他的女友，老维持着藕断丝连的关系，既不甘心放弃，又不肯娶她的。

张罾不得鱼，不（？）橹空罾归；君非鸬鹚鸟，底为守空池？（《欢闻变歌》）

第一龙宫女，相怜是阿谁？好鱼输獭尽，白鹭镇长饥。（李群玉《龙安寺佳人阿最歌》）

“鱼”喻阿最，“獭”喻恶少们，“白鹭”诗人自喻。

王彦龄妻舒氏，工篇翰。彦龄失礼于妇翁，妇翁怒，邀其女归，竟至离绝。女在父家，偶独行池上，怀其夫，作《点绛唇》词云：“独自临池，闷来强把阑干凭。旧愁新恨，耗却年时兴。鹭散鱼潜，烟敛风初定，波心静，照人如镜，少个年时影。”（《夷坚支志》）

"鹭散鱼潜"，写景兼寄兴，是双关语。

高季迪年十八未娶，妇翁周建仲出《芦雁图》命题，季迪赋曰："西风吹折荻花枝，好鸟飞来羽翮垂；沙阔水寒鱼不见，满身风露立多时。"翁曰："是将求室也。"择吉日以女妻焉。（《篷轩杂记》）

这酷似《管子》所载宁戚的故事，不知是否从那里脱胎的。

远望乖姐靠门旁，寒脸凸腮不理郎。鹭鹚飞到井沿站，看你不像养鱼塘——小小年纪梳洋妆。（《淮南情歌》）

"洋妆"谐"佯装"。

年年有个七月七，鹭鹚下田嘴衔泥。不是哥们巴结你，鱼养你来水养鱼。（《曲靖民歌》）

大河涨长满河身，一对野猫顺水跟。野猫吃鱼不吃刺，小妹偷嘴不偷身。（《陆良民歌》）

六 探源

为什么用"鱼"来象征配偶呢？这除了它的繁殖功能，似乎没有更好的解释。大家都知道，在原始人类的观念里，婚姻是人生第一大事，而传种是婚姻的唯一目的——这在我国古代的礼俗中，表现得非常清楚，不必赘述。种族的繁殖既如此被重视，而鱼是繁殖力最强的一种生物——所以在古代，把一个人比作"鱼"，在某一意义上，差不多就等于恭维他是最好的人。而在青年男女间，若称其对方为"鱼"，那就等于说："你是我最理想的配偶！"现在浙东婚俗，新妇出轿门时，以铜钱撒地，谓之"鲤鱼撒子"——便是这观念最好的说明。上引《寻甸民歌》"只见鲤鱼来摆子"，也暴露了同样的意识。

文化发展的结果，是婚姻渐渐失去保存种族的社会意义，因此也就渐渐失去繁殖种族的生物意义。代之而兴的，是个人享乐主义。于是作为配偶象征的词汇，不是"鱼"而是"鸳鸯""蝴蝶"和"花"之类了。幸亏害这种"文化病"的，只是上层社会，生活态度比较健康的下层社会，则还固执着旧日的生物意识。这是何等鲜明的对照。

城里的琼花城外的鱼，花谢鱼老可奈何！（《扬州民歌》）

让不事生产的城里人去做装饰品，乡下人是要讲实用的。

最后，一个有趣的事实，是以鱼为象征的观念，不限于中国人；现在的许多其他民族都有着同样的观念，而古代埃及、西部亚洲，以及希腊等民族亦然。崇拜鱼神的风俗，在西部亚洲，尤其普遍，他们以为鱼和神的生殖能力有着密切的关系。至今闪族人还以鱼为男性器官的象征。他们常佩的厌胜物，有一种用神鱼作装饰的波伊欧式的（Boeotian）尖底瓶，这神鱼便是他们媒神赫米斯（Hermes）的象征。任何人都是生物，都有着生物的本能，也都摆不脱生物的意识。我们发现在世界的别处，这生物的

北宋 刘寀 群鱼戏荇图（局部）

意识，特别发达于各“野蛮”民族和古代民族间。正如在中国，看前面所举各例，汉族中，古代的多于近代的，少数民族的又多于汉族的。这里揭露了在思想上，“文化的人”和“生物的人”的区别。

本文中所引的近代民歌，除作者自己采辑的一小部分外，大部出自下列各书刊：陈志良著《广西特种部族歌谣集》，陈国钧著《贵州苗夷歌谣》《民俗》和北京大学研究所《国学门》月刊。两种《歌谣集》都是承陈志良先生赠送的，谨此致谢。

朱佩弦先生指出：这个古老的隐语，用到后世，本意渐渐模糊，而变成近似空套的话头。他这意见是对的，附志于此。

一九四五，五，二五，昆明

第十四章

说舞

一 一场原始的罗曼司

假想我们是在参加着澳洲风行的一种科罗泼利（Corro-Borry）舞。

灌木林中一块清理过的地面上，中间烧着野火，在满月的清辉下吐着熊熊的赤焰。现在舞人们还隐身在黑暗的丛林中从事化装。野火的那边，聚集着一群充当乐队的妇女。忽然林中发出一种坼裂声。紧跟着一阵沙沙的摩擦声——舞人们上场了。闯入火光圈里来的是三十个男子，一个个脸上涂着白垩，两眼描着圈环，身上和四肢画着些长的条纹。此外，脚踝上还系着成束的树叶，腰间围着兽皮裙。这时那些妇女已经面对面排成一个马蹄形。她们完全是裸着的。每人在两膝间绷着一块整齐的袋鼠皮。舞师呢，他站在女人们和野火之间，穿的是通常的袋皮围裙，两手各执一棒。观众或立或坐地围成一个圆圈。

舞师把舞人们巡视过一遭之后，就回身走向那些妇女们。突然他的棒子一拍，舞人们就闪电般地排成一行，走上前来。他再视察一番，停了停，等行列完全就绪了，就发出信号来；跟着他的木棒的拍子，舞人们的脚步移动了；妇女们也敲着袋鼠皮唱起歌来。这样，一场科罗泼利便开始了。拍子愈打愈紧，舞人的动作也愈敏捷、愈活泼，时时扭动全身，纵得很高，最后一齐发出一种尖锐的叫声，突然隐入灌木林中去了。场上空了一会儿。等舞师重新发出信号，舞人们又再度出现了。这次除舞队排成弧形外，一切都和从前一样。妇女们出来时，一面打着拍子，一面更大声地唱，唱到几乎嗓子都要裂了，于是声音又低下来，低到几乎听不见声音。歌舞的尾声和第一折相仿佛。第三、四、五折又大同小异地表演

过了。但有一次舞队是分成四行的，第一行退到一边，让后面几行向前迈进，到达妇人们面前，变作一个由身体四肢交锁成的不可解的结，可是各人手中的棒子依然在飞舞着。你直害怕他们会打破彼此的头——但是你放心，他们的动作无一不遵守着严格的规律，决不会出什么岔子。这时情绪真紧张到极点，舞人们在自己的噪呼声中，不要命地顿着脚跳跃，妇女们也发狂似地打着拍子引吭高歌。响应着他们的热狂的，是那高烛云空的火光，急雨点似的噼啪地喷射着火光。最后舞师两臂高举，一阵震耳的掌声，舞人们退场了，妇女和观众也都一哄而散，抛下一片清冷的月光，照着野火的余烬渐渐熄灭了。

这就是一场澳洲的科罗泼利舞，但也可以代表各地域各时代任何性质的原始舞，因为它们的目的总不外乎下列这四点：（一）以综合性的形态动员生命，（二）以律动性的本质表现生命，（三）以实用性的意义强调生命和（四）以社会性的功能保障生命。

◎明 唐寅 韩熙载夜宴图（局部）

◎清 冷枚 神仙故事图（局部）（见下页）

◎ 五代 周文矩（传） 观舞仕女图（局部）

二 综合性的形态

舞是生命情调最直接、最实质、最强烈、最尖锐、最单纯而又最充足的表现。生命的机能是动，而舞便是节奏的动——或更准确点儿，有节奏的移易地点的动，所以它只是生命机能的表演。但只有在原始舞里才看得出舞的真面目，因为它是真正全体生命机能的总动员，它是一切艺术中最大综合性的艺术。它包有乐与诗歌，那是不用说的。它还有造型艺术——舞人的身体是活动的雕刻，身上的文饰是图案，这也都显而易见。所当注意的是，画家所想尽方法而不能圆满解决的光的效果，这里借野火的照明，却轻轻地抓住了。而野火不但给了舞光，还给了它热，这触觉的刺激更超出了任何其他艺术部门的性能。最后，原始人在舞的艺术中最奇特的创造，是那月夜丛林的背景对于舞场的一种镜框作用。由于框外的静与暗和框内的动与明，发生着对照作用，使框内一团声音光色的活动情绪更为集中、效果更为强烈，借以刺激他们自己对于时间（动静）和空间（明暗）的警觉性，也便加强了自己生命的实在性。原始舞看来简单，唯其简单，所以能包含无限的复杂。

◎ 清 冷枚 神仙故事图（局部）

三 律动性的本质

上文说舞是节奏的动，实则节奏与动，并非二事。世间决没有动而不成节奏的——如果没有节奏，我们便无从判明那是动。通常所谓“节奏”，是一种节度整齐的动；节度不整齐的，我们只称之为“动”，或乱动。因此动与节奏的差别，实际只是动时节奏性强弱的程度上的差别，而并非两种性质根本不同的东西。上文已说过，生命的机能是动，而舞是有节奏的移易地点的动，所以也就是生命机能的表演。现在我们更可以明白，所谓表演与非表演，其间也只有程度的差别而已。一方面生命情绪的过度紧张、过度兴奋，以至成为一种压迫，我们需要一种更强烈、更集中的动，来宣泄它、和缓它；另一方面紧张与兴奋的情绪，是一种压迫，也是一种愉快，所以我们也需要在更强烈、更集中的动中来享受它。常常有人讲，节奏的作用是在减少动的疲乏，诚然，但须知那减少疲乏的动机，是积极而非消极的，而节奏的作用是调整而非限制。因为由紧张的情绪发出的动是快乐、是可珍惜的，所以要用节奏来调整它，使它延长，而不致在乱动中轻轻浪费掉。甚至这看法还是文明人的主观，态度还不够积极。节奏是为减轻疲乏的吗？如果疲乏是讨厌的、要不得的，不如干脆放弃它。放弃疲乏并不是难事，在那月夜，如果怕疲乏，躺在草地上对月亮发愣，不就完了吗？如果原始人真怕疲乏，就干脆没有舞那一套——因为无论怎样加以调整，最后疲乏总归是要来到的。不，他们的目的是在追求疲乏，而舞（节奏的动）是达到那目的最好的通路。一位著者形容新南威尔斯土人的舞说：“……鼓声渐渐紧了，动作也渐渐快了。直至达到一种如闪电的速度。随时全体一跳跳到半空。当他们脚尖再触到地面时，那分开着的两腿上的肉腓，颤动得直使那白垩的条纹，看去好像蠕动的长蛇，同时一阵强烈的‘嘶——’声充满空中（那是他们的喘息声）。”非洲布须曼人的摩科马舞（Mokoma）更是我们不能想象的。“舞者跳到十分疲劳，浑身淌着大汗，口里还发出千万种叫声，身体做着各种困难的动作，以至一个一个地，跌倒在地上，躺在源源而出的鼻血泊中。因此他们便叫这种舞作‘摩科马’——意即血的舞。”总之，原始舞是一种剧烈的、紧张的、疲劳性的动，因为只有这样他们才能体会到最高限度的生命情调。

四 实用性的意义

西方学者每分舞为模拟式的与操练式的两种，这又是文明人的主观看法。二者在形式上既无明确的界限，在意义上尤其相同。所谓模拟舞者，其目的，并不如一般人猜想的，在模拟的技巧本身，而是在模拟中所得的那逼真的情绪。他们甚至不是在不得已的心情下以假代真，或在客观的真不可能时，乃以主观的真权当客观的真。他们所求的只是那能加强他们的生命感的一种提炼的集中的生活经验——一杯能使他们陶醉的醇醴而酷烈的酒。只要能陶醉，那酒是真是假，倒不必计较，何况真与假，或主观与客观，对他们本没有多大区别呢！他们不因舞中的“假”而从事于舞，正如他们不以巫术中的“假”而从事巫术。反之，正因他们

相信那是“真”，才肯那样做，那样认真地做（儿童的游戏亦复如此）。既然因日常生活经验不够提炼与集中，才要借艺术中的生活经验——舞来获得一醉，那么模拟日常生活经验，就模拟了它的不提炼与集中。模拟得愈像，便愈不提炼、愈不集中，所以最彻底的方法，是连模拟也放弃了，而仅剩下一种抽象的有节奏的动，这种舞与其称为操练舞，不如称为“纯舞”，也许还比较接近原始心理的真相。一方面，在高度的律动中，舞者自身得到一种生命的真实感（一种觉得自己是活着的感觉），那是一种满足。另一方面，观者从感染作用，也得到同样的生命的真实感，那也是一种满足，舞的实用意义便在这里。

◎明 仇英 群仙会祝图（局部）（下页同）

五 社会性的功能

或由本身的直接经验（舞者），或者感染式的间接经验（观者），因而得到一种觉着自己是活着的感觉——这虽是一种满足，但还不算满足的极致。最高的满足，是感到自己和大家一同活着，各人以彼此的“活”互相印证、互相支持，使各人自己的“活”更加真实、更加稳固——这样满足才是完整的、绝对的。这群体生活的大和谐的意义，便是舞的社会功能的最高意义；由和谐的意识而发生一种团结与秩序的作用，便是舞的社会功能的次一等的意义。关于这点，高罗斯（Ernest Croose）讲得最好：“在跳舞的白热中，许多参与者都混成一体，好像是被一种感情所激动而动作的单一体。在跳舞期间，他们是在完全统一的社会态度之下，舞群的感觉和动作正像一个单一的有机体。原始跳舞的社会意义全在乎统一社会的感应力。他们领导并训练一群人，使他们在一种动机、一种感情之下，为一种目的而活动（在他们组织散漫和不安定的生活状态中，他

们的行为常被各个不同的需要和欲望所驱使）。它至少乘机介绍了秩序和团结在这狩猎民族的散漫无定的生活中。除战争外，恐怕跳舞对于原始部落的人，是唯一的使他们觉着休戚相关的时机。它也是对于战争最好的准备之一，因为操练式的跳舞有许多地方相当于我们的军事训练。在人类文化发展上，过分估计原始跳舞的重要性，是一件困难的事。一切高级文化，是以各个社会成分的一致有秩序的合作为基础的，而原始人类却以跳舞训练这种合作。”舞的第三种社会功能更为实际。上文说过，主观的“真”与客观的“真”，在原始人类意义中没有明确的分野。在感情极度紧张时，二者尤易混淆。所以原始舞往往弄假成真，因而发生不少暴行。正因假的能发生真的后果，所以他们常常因假的作为勾引真的媒介。许多关于原始人类战争的记载，都说是以跳舞开场的。而在我国古代武王伐纣前夕的歌舞，即所谓“武宿夜”者，也是一个例证。

◎ 明 仇英 汉宫春晓图（局部）

第十五章

龙凤

前些时接到一个新兴刊物负责人一封征稿的信，最使我发生兴味的是那刊物的新颖命名——《龙凤》，虽则照那篇《缘起》看，聪明的主编者自己似乎并未了解这两字中丰富而深邃的含义。无疑的，他是被这两个字的奇异的光艳所吸引，他迷惑于那蛇皮的夺目的色彩，却没理会蛇齿中埋伏着的毒素；他全然不知道在玩弄色彩时，自己是在与毒素同谋。

就最早的意义说，龙与凤代表着我们古代民族中最基本的两个单元——夏民族与殷民族，因为在“鲧死……化为黄龙，是用出禹”和“天命玄鸟（即凤），降而生商”两个神话中，我们依稀看出，龙是原始夏人的图腾，凤是原始殷人的图腾（我说原始夏人和原始殷人，因为历史上夏、殷两个朝代，已经离开图腾文化时期很远；而所谓图腾者，乃是远在夏代和殷代以前的夏人和殷人的一种制度兼信仰），因之把龙凤当作我们民族发祥和文化肇端的象征，可说是再恰当没有了。若有人愿意专就这点着眼，而想借“龙凤”二字来提高民族意识和情绪，那倒无可厚非。可惜这层历史社会学的意义在一般中国人心目中并不存在，而“龙凤”给一般人所引起的联想则分明是另一种东西。

图腾式的民族社会早已变成了国家，而封建王国又早已变成了大一统的帝国——这时一个图腾生物已经不是全体族员的共同祖先，而只是最高统治者一姓的祖先。所以我们记忆中的龙凤，只是帝王与后妃的符瑞，和他们及她们宫室舆服的装饰“母题”——一言以蔽之，它们只是“帝德”与“天威”的标记。有了一姓，便对等地产生了百姓；一姓的尊荣，便天然地决定了百姓的苦难。你记得复辟与龙旗的不可分离性，你便会原谅我看见“龙凤”二字而不禁触目惊心的苦衷了。我是不同意“天王圣明，臣罪当诛”的。

《缘起》中也提到过“龙凤”二字在文化思想方面的象征意义，它指出了文献中以龙比老子的故事，却忘了一副天生巧对的下联，那便是以凤比孔子的故事。可巧故事都见于《庄子》一书里。《天运篇》说孔子见过老聃后，发呆了三天说不出话。弟子们问他给老聃讲了些什么，他说：“吾乃今于是乎见龙——龙合而成体，散而成章，乘云气而养（翔）乎阴阳，予口张而不能嗋，舌举而不能讯，予又何规老聃哉！”这是常用的典故（也就是许多姓李的楹联中所谓“犹龙世泽”的来历）。至于以凤比孔子的典故，也近在眼前，不知为什么从未成为词章家“獭祭”的资料。孔

子到了楚国，著名的疯子接舆所唱的那充满讽刺性的歌儿——

凤兮凤兮！何如（汝）德之衰也！来世不可待？往世不可追也！……

不但见于《庄子》（《人间世篇》），还见于《论语》（《微子篇》）。是以前读死书的人不大认识字，不知道“如”是“汝”的假借，因而没弄清话中的意思吗？可是汉石经《论语》“如”作“而”，“而”字本也训“汝”，那么歌辞的喻义，至少汉人是懂的。另一个也许更有趣的以凤比孔子的出典，见于唐宋《类书》所引的一段《庄子》佚文：

老子见孔子从弟子五人，问曰：“前为谁？”对曰：“子路，勇且多力。其次子贡为智，曾子为孝，颜回为仁，子张为武。”老子叹曰：“吾闻南方有鸟，其名为凤……凤鸟之文，戴圣婴仁，右智左贤……”

这里以凤比孔子，似乎更明显。尤其有趣的是，那次孔子称老子为龙，这次是老子回敬孔子，比他作凤。龙凤是天生的一对，孔、老也是天生的一对，而话又出自彼此的口中，典则同见于《庄子》。你说这天生巧对是庄子巧思的创造、意匠的游戏——又是他老先生的“谬悠之说，荒唐之言，无端崖之辞”吗？也不尽然。前面说过原始殷人是以凤为图腾的，而孔子是殷人之后，我们尤其熟习。老子是楚人，向来无异词，楚是祝融六姓中芈姓季连之后——而祝融，据近人的说法，就是那“人面龙身而无足”的烛龙，然则原始楚人也当是一个龙图腾的团族。以老子为龙，孔子为凤，可能是庄子的寓言，但寓言的产生也该有着一种素地，民俗学的素地（这可以《庄子》书中许多其他的寓言为证）。其实凤是殷人的象征，

◎清 沈铨 百鸟朝凤图（局部）（下页同）

孔子是殷人的后裔。呼孔子为凤，无异称他为殷人；龙是夏人的，也是楚人的象征，说老子是龙，等于说他是楚人，或夏人的本家。中国最古的民族单元不外夏、殷，最典型中国式而最有支配势力的思想家莫如孔、老，刊物命名为“龙凤”，不仅象征了民族，也象征了最能代表民族气质的思想家——这从某种观点看，不能不说是中国有刊物以来最漂亮的名字了！

然而，还是庄子的道理，“臭腐复化为神奇，神奇复化为臭腐”——从另一种观点看，最漂亮的说不定也就是最丑恶的。我们在上文说过，图腾式的民族社会早已变成了国家，而封建的王国又早已变成了大一统的帝国，在我们今天的记忆中，龙凤只是“帝德”与“天威”的标记而已。现在从这角度来打量孔、老，恕我只能看见一位“申申如也，夭夭如也”而谄上骄下的司寇和一位以“大巧若拙”的手段“助纣为虐”的柱下史（“五千言”本也是“君人南面之术”）；有时两个身影叠成一个，便又幻出忽而“内老外儒”，忽而“外老内儒”，种种的奇形怪状。要晓得这条“见首不见尾”的阴谋家——龙，这只“戴圣婴仁”的伪君子——凤，或二者的混合体和那象征着“帝德”“天威”的龙凤，是不可须臾离的。有了主子，就用得着奴才，有了奴才，也必然会捧出一个主子；帝王与士大夫是相依为命的。主子的淫威和奴才的恶毒——暴发户与破落户双重势力的结合，压得人民半死不活。三千年惨痛的记忆，教我们面对这意味深长的“龙凤”二字，怎能不触目惊心呢！

事实上，生物界只有穷凶极恶而诡计多端的蛇和受人豢养、替人帮闲，而终不免被人宰割的鸡，哪有什么龙和凤呢？科学来了，神话该退位了。办刊物的人也得当心，再不得要让“死的拉住活的”了！

要不然，万一非给这民族选定一个象征性的生物不可，那就还是狮子吧，我说还是那能够怒吼的狮子吧，如其不再太贪睡的话。

图书在版编目（CIP）数据

闻一多读中国神话 / 闻一多著. — 沈阳 : 辽宁美术出版社, 2025.3
（民国大师通识课）
ISBN 978-7-5314-9754-7

Ⅰ. ①闻… Ⅱ. ①闻… Ⅲ. ①神话－研究－中国 Ⅳ. ①B932.2

中国国家版本馆 CIP 数据核字 (2024) 第 094608 号

出 版 人：彭伟哲
出 版 者：辽宁美术出版社
地　　址：沈阳市和平区民族北街 29 号
邮政编码：110001
发 行 者：辽宁美术出版社
印 刷 者：小森印刷（北京）有限公司
开　　本：170mm×230mm　1/16
印　　张：20
字　　数：240 千字
出版时间：2025 年 3 月第 1 版
印刷时间：2025 年 3 月第 1 次印刷
选题策划：薛业凤　李　鑫
项目统筹：李　鑫
项目执行：郭　灿
装帧设计：冯晓如
责任编辑：张　玥
责任校对：郝　刚
书　　号：ISBN 978-7-5314-9754-7
定　　价：169.00 元

E-mail：lnmscbs@163.com
http://www.lnmscbs.cn
图书如有印装质量问题请与出版部联系调换
出版部电话：024-23835227